EL PULSO DE UNA NACION
SUENA LA ALARMA

JERRY L. WILLIAMSON

Confrontando Una Cultura Post-Cristiana

A Roxanne,
Mi bella novia y mejor amiga

CONTENIDO

Avanzando hacia la Meta

AGRADECIMIENTOS

D ebo ser una de las personas más bendecidas sobre la tierra en el sentido que tengo que trabajar y ministrar junto a algunas de las personas más dedicadas, amorosas, apasionadas, y abnegadas que se puedan imaginar. Ese es el equipo de las Oficinas Centrales de Go To Nations, nuestros líderes en el campo, y todos nuestros misioneros alrededor del mundo a quienes debo este libro. Son ellos de quienes he aprendido tanto y he tenido el privilegio de experimentar tantas cosas en la escala global. Mi corazón estará por siempre agradecido con su compromiso a la causa de Cristo y por su determinación de hacer la diferencia en esta generación.

Debo dar muchas gracias al Dr. Daniel y Sharon Williams (los fundadores de Go To Nations) por darme la oportunidad de liderar esta increíble organización desde el año 2000. Siempre estaré agradecido con ellos por darme esta plataforma para ser una voz a esta generación a una escala global.

Las palabras no pueden describir la gratitud, la cual tengo en mi corazón por el Dr. George y Janet Meyers. Ellos han sido realmente unos padres espirituales para mí y para un sin número de otras personas. De las habilidades que tengo hoy para ofrecer al cuerpo de Cristo, muchas de ellas vienen de la impartición que he recibido de esta preciosa pareja a través de los años de consejería, mentoría y ánimo constante.

Este libro no sería una realidad si no fuese por la asistencia de Sandra Barfield. Dado a su experiencia e inversión de tiempo toda la logística en la creación de este libro se ha llevado a cabo. Beverly King, mi asistente ejecutiva, ha hecho también una contribución muy significativa.

Quiero dar a conocer mi total devoción y aprecio a mi preciosa esposa, Roxanne, por ser una esposa amorosa y de gran apoyo e influencia tan positiva en mi vida. Tengo la libertad de ir en busca de muchas metas en el ministerio (incluyendo este libro) por todo lo que ella da y por su corazón altruista. Ella verdaderamente es un regalo inestimable que Dios me ha dado.

Por último y ciertamente no menos importante, quiero agradecer y honrar a mi Señor y Salvador Jesucristo. Qué gran privilegio es que Dios me permita ser parte de Su divino, y eterno plan. Le debo todo a El. ¡Se por siempre adorado y glorificado, mi Rey!

LO QUE OTROS ESTAN DICIENDO SOBRE
EL PULSO DE UNA NACION

"El libro de Jerry Williamson, tan importante, *El Pulso de una Nación,* es un correctivo crucial y un llamado a la acción. Usted puede escuchar el corazón de este experto, respetado líder en misiones. El está haciendo eco al corazón de Dios - llamándonos a llevar el evangelio de la gracia sanadora y de poder a nuestro mundo quebrantado. Este es un libro que "se debe de leer" por cada serio seguidor de Cristo."
— DR. DAVID SHIBLEY, fundador y presidente, Global Advance

"El Dr. Jerry Williamson ha puesto su dedo en el pulso de la Iglesia Occidental. Su diagnóstico es certero, muy bien articulado y documentado. La cura es igualmente clara y alcanzable si la Iglesia tiene la disciplina y la voluntad de aplicar su receta. NO LEA ESTE LIBRO... a menos que usted quiera ser llenado de convicción, retado, y cambiado! Dr. Williamson es hoy en día un profeta moderno llamando en medio de un desierto secular y religioso. Nuestra respuesta a su mensaje determinará el futuro de nuestra nación."

— DR. CHARLES TRAVIS, secretario general, Communion of Evangelical Episcopal Churches, y presidente, Aidan University

"*El Pulso de una Nación* es un libro maravilloso. El corazón del Dr. Jerry como un padre espiritual es evidente. El ha pagado el precio por medio de viajar a través del mundo siendo padre para líderes quienes se han convertido en padres para otros! Conforme leo este libro, me queda claro que lo contenido en sus páginas puede servir a cada cristiano como manual de instrucción para la vida en lo que concierne a su llamado y propósito en el Reino de Dios. *El Pulso de una Nación* es un llamado para despertar a toda la gente, de todos los tiempos, conforme nos damos cuenta que sin saberlo y aun sin intención ha caído en la trampa de esta era. ¡Gracias por recordárnoslo!"

— DR. MAX FLYNN, presidente, Covenant Theological Seminary y superintendente, North Carolina Coastal Division of Foursquare Churches

"Jerry suena una nota clara en la trompeta en *El Pulso de una Nación*. El habla desde una vida completamente entregada en las líneas del frente de las misiones mundiales y de un sincero amor por la iglesia de Dios. Su vida entera y ministerio han sido enfocados completamente al avance del Reino de Dios y el de finalizar la tarea que se nos fue dada por el Señor Jesucristo. Jerry emite un llamado de trompeta que la Iglesia en los Estados Unidos de América necesita desesperadamente escuchar y atender. El identifica nuestro problema y nos da una receta para la cura. Si se aplica, despertará a una gigante que duerme para la victoria del Cielo y derrota del infierno."

—STEPHEN E. VICKERS, THD, pastor, Christian Life Church y presidente, Harvest Churches International

"En este día, en cual se va a la deriva de forma continúa hacia una cultura no cristiana, la Iglesia necesita algunas respuestas acerca de lo que eso significa y qué hacer al respecto. ¡Este libro hace justamente eso!"

—WENDELL SHAW, pastor, Christian Faith Center

"!WOW! Me gustaría que cada pastor en los Estados Unidos de América pudiese leer *El pulso de una Nación*. Este libro identifica el presente problema espiritual, provee razones bíblicas para el cambio y así mismo, da consejo práctico de cómo entrar a un nuevo nivel de obediencia espiritual."

—PAUL BRANNAN, Assemblies of God (AGWM) y Kentucky Ministry Network

"La primera vez que escuchamos el término nación post-cristiana en relación con los Estados Unidos de América, fue en la sala de nuestra casa en una conversación con Jerry Williamson. Conforme él compartía, la unción de Dios se hacía evidente. Le pedimos que visitara nuestra iglesia y que nos diera el mensaje completo. Fue un mensaje poderoso, oportuno, y que cambia la vida. Después de que Jerry terminó de predicar, ambos compartimos con él de que este era un mensaje profético para la Iglesia, y que tenía que ser dispersado a través de todos los Estados Unidos de América y el resto del mundo y le animamos a que lo pusiera en formato de libro. El lo hizo y ahora *El Pulso de una Nación* está sonando una alarma en las personas que lo rodeamos. Una de las cosas que amamos del mensaje es que no solamente diagnostica el problema, si no que también provee una clara receta bíblica para el cambio. Animamos a cada pastor, líder y miembro de la iglesia a que no solamente lo lea sino que también lo comparta con alguien que conozca."

— RODNEY AND KATHY TOLLESON, Kingdom Life
Now Ministry

"De tiempo en tiempo un mensaje nos llega el cual no solamente es necesario, sino que también es tan oportuno que sin lugar a dudas es profético. Este libro contiene tal mensaje. El Dr. Williamson ha tomado varios asuntos los cuales son complejos, que los líderes cristianos alrededor del mundo están enfrentando el día de hoy y los ha reducido, de forma muy directa, a problemas fáciles de reconocer. Y luego él ofrece soluciones alcanzables y pasos que pueden ser tomados para revertir éstas preocupantes tendencias. De todo corazón recomiendo este libro. Es uno que se debe leer."

—DR. DANIEL WILLIAMS, presidente, Act 4 the Nations

"En su libro, *El Pulso de una Nación*, el Dr. Jerry Williamson reta a los líderes de la Iglesia en los Estados Unidos de América a regresar al evangelio Cristocéntrico, abrazando el estándar bíblico de lo que significa el ser cristiano. Para hacer ésto, lo cual no será fácil, él advierte, y los líderes de las iglesias deberán de hablar sobre el dilema del post-cristianismo con un coraje extraordinario al punto en el que deberemos poner nuestras vidas y nuestros ministerios en el límite. Jerry escribe cómo un misionero estadista que ama la Iglesia y anhela a que ésta de nuevo se enfoque en el mandato de Cristo de hacer discípulos obedientes en todas las naciones."

—CHUCK HALL, presidente, World Indigenous Missions

"Para un tiempo como éste... claro, conciso y afiladísimo. ¡Obviar el mensaje de este libro es obviar el corazón de Dios!"

—ROB GOYETTE, pastor, Living Water World Outreach

"¡Despierta, Iglesia! ¡Despierta! En su libro, *EL Pulso De Una Nación*, el Dr. Jerry Williamson ha capturado una palabra pertinente para el Cuerpo de Cristo en esta hora. Que nos podamos sentar, prestar atención, y corregir el curso en el cual la autoindulgente Iglesia en los Estados Unidos de América navega. La preocupación real de la Iglesia no es el diablo o la influencia del mundo. Es la gente del Cuerpo de Cristo enfocándose en sí misma, deseando una agradable vida próspera en lugar de llevar a cabo el enfoque que Jesús les dio en Su Palabra. En este libro su clara percepción en el propósito que Dios tiene para Su Iglesia, dándole el enfoque de la GRAN COMISION y la habilitación que el Espíritu Santo les da para terminar la labor de llevar el Evangelio del Reino a cada nación y a cada grupo étnico. ¡Preciso! ¡Penetrante!"

— DR. JEFF FULK, senior pastor, LaCygne Christian Church

"Jerry Williamson y yo compartimos el mismo ADN de misones, y tenemos el apasionado compromiso de ser parte de los que completarán la Gran Comisión en nuestra generación. El está preocupado de que los Estados Unidos se mueve hacia la posición de ser post-cristiana, entiende lo que ha pasado en los Estados Unidos basado en asuntos globales, y ve la necesidad de edificar un fundamento misional estratégico en los Estados Unidos. He conocido a Jerry por los últimos 30 años y puedo confirmar su integridad, carácter y ministerio. El es alguien

COMPROMETIDO A LLEGAR A LA META. Lea este libro con ojos y corazón abiertos. Este libro le retará y le dará una fresca dirección bíblica de donde el movimiento misionero se encuentra en nuestra generación y cómo podemos tomar los pasos propicios para ver que el Evangelio llegue a cada grupo de personas no alcanzado en el planeta."

—DR. HOWARD FOLTZ, presidente y fundador, AIMS

"El nuevo libro que cambiará el mundo *El Pulso de una Nación* escrito por mi amigo el Dr. Jerry Williamson brindará, absolutamente, un despertar dinámico a la Iglesia moderna el día de hoy. ¡Así como el libro, *Uncle Tom's Cabin,* un libro escrito sobre la maldad de la esclavitud conmovió a los Estados Unidos de América, y ayudó a terminar con la esclavitud, de la misma manera el libro del Dr. Jerry ayudará a acabar con el humanismo y el evangelio centrado en el hombre el cual ha infiltrado la Iglesia, y la ha sacado del propósito principal de Jesús quien vino a buscar y a salvar aquello que se encontraba perdido!"

—BOB WEINER, presidente, Weiner Ministries International

"Conozco al Dr. Jerry Williamson desde 1988. Su pasión por el avance del Reino de Dios alrededor del mundo es inspiradora y contagiosa. En *El Pulso de una Nación* Jerry de forma clara articula el reto que encara la Iglesia de occidente. Como pastor he sido específicamente retado por la idea de que aún en nuestras iglesias (incluida mi iglesia), existe la confusión y el mal entendido acerca del rol de cada creyente en el cumplimiento de la Gran Comisión. Como siempre con el Dr. Jerry, he sido inspirado y retado a hacer del último mandamiento de Jesús mi primera prioridad."

—BISHOP SEAN YOST, director ejecutivo, Youthquake Live y Pastor general, Christ the Redeemer Church

"Este libro es como un soplo de aire fresco atizando las brazas de la iglesia de los Estados Unidos de América, para que regresen a la vida. No es muy tarde, suena la alarma, predica un Evangelio sin compromisos, toma tu cruz, sigue a Jesús a la cosecha mundial! Jerry hace brillar una luz en el camino a la renovación que hemos estado esperando. *El Pulso de una Nación* es estratégico y oportuno; este mensaje puede cambiar su vida, su iglesia y el mundo."

—JASON BENEDICT, estratega mundial, Regent University Center for Entrepreneurship

"Jerry Williamson presenta un caso perspicaz, dado a las invariables causas del nuevo estatus en los Estados Unidos como nación "post-cristiana." Las preocupaciones no son nuevas o no familiares, pero Williamson escribe desde una perspectiva global única en escritura e historia. Al final él ofrece una solución prometedora, que debe ser un retorno incondicional al señorío de Jesucristo y Su misión mundial."

—J. DOUGLAS GEHMAN, presidente y director, Globe International

"Jerry Williamson ha hecho un llamado de trompeta al liderazgo de cada iglesia para comunicar de forma efectiva al cuerpo de Cristo la importancia de las misiones en la meta general del cumplimiento de la Gran Comisión."

—DON BARFIELD, director general emerito, Providence School y director, Biblical Cultural Community

"Desde el momento que conocí al Dr. Jerry Williamson, su pasión por la iglesia ha sido contagiosa. En su nuevo libro, *El Pulso de una Nación*, el Dr. Williamson cubre lo que él ve como las razones por las cuales, la cultura en los Estados Unidos de América es Post-cristiana, ofreciendo sugerencias para ayudar a reconstruir nuestros fundamentos espirituales y traza un plan para movernos hacia adelante. Este es un libro que "se debe" leer por aquellos que están interesados en la revitalización de la iglesia de Cristo."

—ABNER ADORNO, pastor general, Living Word Church

"Este libro es una llamada valiente a la Iglesia de los Estados Unidos de América a regresar a las cosas fundamentales, un enfoque a la edificación del reino por el cual Jesús pagó, no la construcción de las ambiciones egoístas de hombres, sino la de los sueños de Dios. Aplaudo la claridad del Dr. Williamson, de que la Iglesia debe predicar un Evangelio con poder, convicción y pureza. Este mundo debe conocer la verdad, Jesucristo. Permitamos que las piezas caigan donde deben caer."

—PAUL ZINK, II, pastor general asociado, New Life Christian Fellowship

UN DESPERTAR

Despiértate, tú que duermes, y levántate de los muertos, y te alumbrará Cristo.
—Efesios 5:14

UNO

¡FUEGO EN MIS HUESOS!

En marzo de 1991, mi esposa, Roxanne, y yo estábamos en Jelgava, Latvia, ayudando a iniciar el primer "Sobre la Tierra" centro de entrenamiento bíblico, de tiempo completo para ministros en la historia de la Unión Soviética. La escuela bíblica era totalmente ilegal, pero en esa etapa de la historia, la Unión Soviética tenía mayores problemas a resolver que el que le representábamos nosotros. Entonces, aunque estábamos siendo amenazados diariamente por la KGB y varias autoridades locales y nacionales demandaban que cerráramos la escuela bíblica, el gobierno nunca tomó ninguna acción en contra nuestra.

Roxanne y yo nos encontrábamos viviendo en el Hotel Jelgava al costo de dos dólares al día. El costo de una habitación normal por día era de un dólar, pero estábamos ocupando la única suite de dos cuartos que el hotel tenía. El usar la palabra "suite" es un poco exagerado, si entiende lo que quiero decir, pero estábamos agradecidos de tenerla. Y teníamos el único televisor que había en el hotel. Era un aparato de televisión viejo en blanco y negro con una imagen que de forma gradual desaparecía al paso de más o menos diez minutos conforme el tubo de imagen se calentaba.

Estábamos contentos de tener el televisor, aunque fuera funcionando a medias, ya que era una de nuestras pocas conexiones con el mundo exterior. Cada día a las cuatro de la tarde, podíamos recibir la señal de CNN Internacional. ¡Eso era una gran cosa! CNN Internacional era el único programa en inglés que transmitían. Recuerde, ésta era la Unión Soviética en 1991 y mucho antes de que fuese ofrecido el acceso de internet al público en general. En algunas ocasiones tomó días el poder tener una línea abierta y llamar por teléfono a los Estados Unidos.

Todavía era la Unión Soviética, toda la transmisión televisiva estaba censurada por el gobierno soviético. Recuerdo que cuando CNN presentaba reportes sobre eventos depor-tivos en los Estados Unidos, el gobierno soviético bloqueaba la señal para que la gente no pudiese ver las condiciones reales de vida en los Estados Unidos. A los ciudadanos soviéticos se les decía que ellos tenían el mejor estándar de vida en el mundo, lo cual estaba muy alejado de la realidad. Al mismo tiempo, se les decía que las condiciones de vida en los Estados Unidos eran horribles y que era un lugar terrible para vivir. Si la gente soviética pudiese haber visto los maravillosos estadios llenos de gente muy bien vestida e impresionantes campos de golf en los Estados Unidos, ellos se darían cuenta de la verdadera realidad.

Le relato esta historia como un ejemplo de un tipo de aislamiento que es casi imposible el día de hoy. Dado a la tecnología actual, aun las más remotas áreas en China tienen acceso a café internet lo cual hace posible que aun el más modesto campesino en una aldea se pueda conectar con el mundo exterior.

Lo mismo es verdad en lo que concierne al mundo exterior en la habilidad de ver dentro de lo que está sucediendo en los Estados Unidos. He hablado con líderes locales, cristianos, en otros países quienes me han expresado de forma personal su más profunda y sincera preocupación por la Iglesia en los Estados Unidos. Al punto que, ellos no pueden entender por qué nosotros no vemos lo que está pasando en nuestra cultura de iglesia de forma más clara y hacer algo al respecto.

¡Estas son naciones que han recibido el evangelio de parte nuestra! Pero desde su perspectiva, se ve como que la Iglesia Occidental ha abandonado muchos de los principios fundamentales, los cuales les habíamos impartido. Ellos ven una sociedad cristiana absorbida en sí misma la cual ha perdido el enfoque misional, por medio del cual se les brindó el mensaje del Evangelio.

Estas naciones emergentes cristianas a las cuales les brindamos el Evangelio ahora tienen un movimiento cristiano más fuerte en sus países del que tenemos en los Estados Unidos. Pero aún nos referimos a ellos como el "campo misionero." Los Estados Unidos tiene el mayor número de cristianos dado a su tamaño geográfico. Pero la población cristiana en estos otros países continúa creciendo, y sus iglesias locales continúan creciendo en influencia para con sus sociedades. Este no se ve que sea el caso en las iglesias en los Estados Unidos.

Por favor entienda - nunca ha habido una nación como los Estados Unidos de América. Ninguna otra nación ha llevado el Evangelio a tantas personas. Una buena porción del mundo cristiano aún mira a la Iglesia en los Estados Unidos como su padre espiritual. Pero al mismo tiempo, el mundo cristiano fuera de los Estados Unidos es lo suficientemente maduro para darse cuenta que la Iglesia en los Estados Unidos está en problemas, al punto que ellos están enviando ahora misioneros a los Estados Unidos. Creo que es tiempo que la comunidad cristiana en los Estados Unidos se despierte y reconozca lo que el resto del mundo cristiano está viendo claramente.

La creciente preocupación, a nivel global, por la Iglesia en los Estados Unidos no inició recientemente. Hace más de tres décadas, el difunto David Watson, un líder cristiano de la Gran Bretaña, predijo que habría tres principales fuerzas al final del siglo veinte: comunismo, islam y cristianismo en los países del tercer mundo. Continuó expresando que el cristianismo en el Occidente estaría probablemente muy centrado en sí mismo y ya no sería un factor global.

Douglas John Hall, el profesor emérito de teología de la Universidad McGill en Montreal, Quebec, hizo los siguientes comentarios sobre la condición espiritual en los Estados Unidos:

"Personalmente no estoy muy preocupado acerca de la reducción en números donde el cristianismo ... manifiesta su preocupación. Estoy más preocupado acerca del factor cualitativo: ¿qué tipo de cristianismo ... estamos hablando?"

El propósito de este libro es el hablar de una simple, pero crítica, pregunta:

¿Cómo puede una firme nación cristiana como los Estados Unidos deslizarse de sus raíces cristianas al punto en el cual hoy se le ha empezado a clasificar por muchos misiólogos (aquellos que estudian misiones) como una nación post- cristiana?

Necesitamos de manera desesperada afrontar esta pregunta de frente sin divagar al rededor de los problemas reales porque estemos con temor de ofender a nuestra presente, la cual nombramos sociedad cristiana. La mayoría de lo que estaré compartiendo con ustedes en las páginas siguientes son cosas que no he aprendido de un libro. No voy a referirme a un montón de metodologías que haya aprendido en algunas conferencias de iglecrecimiento. Las cosas que comparto son observaciones personales que he hecho a través de los últimos treinta años de ministerio, nacional y mundial, el cual me ha dado la oportunidad de interactuar con pastores y líderes de iglesias alrededor de los Estados Unidos y del mundo.

No estoy pretendiendo ser un experto en cultura de iglesia o en movimientos cristianos mundiales, pero siento que no puedo simplemente descalificarme de expresar lo que he aprendido por temor de cómo será recibido. De alguna manera, siento que me puedo identificar con el profeta Jeremías quien no quería expresar la palabra del Señor, pero que no la podía contener sin expresarla. En Jeremías 20:9, él declara: "Su Palabra en mi interior se vuelve un fuego ardiente que me cala hasta los huesos. He hecho todo lo posible por contenerla, pero ya no puedo más." (NVI)

Mis años en el ministerio de misiones mundiales han requerido que confronte, interactúe, y hable de los retos de varios tipos de movimientos y culturas en diferentes partes del mundo. Estas experiencias son ahora las causantes de que hable acerca de lo que veo que está sucediendo en mi propio país. Mi meta es simplemente el brindar conciencia de la seriedad de la presente condición espiritual de la Iglesia Occidental.

Mucho de lo que comparto en este libro es para llevarnos de regreso al tema central, el cual se resume en esta declaración:

Nuestra meta no es el construir ministerio, ¡es completar la misión!

Conforme nos aventuramos hacia las páginas que tenemos por delante, esté consciente de dos cosas: Primero, dado a la naturaleza de este libro causará que algunos lo etiqueten como un libro de limitada duración en las librerías. Dado al hecho que habla de un asunto crítico, el cual estamos afrontando en esta hora. Estoy de acuerdo hasta cierto punto. Pero mi deseo es que lleguemos a estar más conscientes de las trampas y peligros que enfrentamos en nuestra cultura occidental, y que entonces nos empoderemos para encararnos a ellos. Esas lecciones no están limitadas a un tiempo. Lo que ha pasado y está pasando en los Estados Unidos en lo que respecta al hecho de que hemos pasado de ser una nación con fuego por Dios, a ser una nación la cual está luchando por su vida espiritual, no es algo nuevo. Esto ha sucedido muchas veces en la historia de un sin número de países. Nos servirá mucho el aprender de nuestro pasado y presente y el corregir estos errores conforme consideramos su importancia el futuro.

Segundo, no quiero que piense que estoy desilusionado o hablando mal de la Iglesia. En los Estados Unidos, Dios aún tiene unos poderosos, santos y ungidos hombres y mujeres quienes están completamente entregados a Su gloria y Sus propósitos. Además, cuando las cosas lucen muy oscuras, la luz de Dios resplandece con más intensidad. Puede ser que estemos en el inicio del mayor mover de Dios que los Estados Unidos haya experimentado, si la Iglesia se levanta y responde a los retos actuales de la forma correcta.

Es mi oración de que la presente decadencia espiritual en los Estados Unidos nos lleve a acercarnos a Dios como nunca antes. Mi corazón tiene hambre del mover de Dios en esta nación y que sea clasificado como más que un avivamiento. No necesitamos algo que emocione a las personas por una temporada pero que no trae un genuino, y duradero cambio de cultura. Necesitamos un mover de Dios el cual sea clasificado más como una transformación de la Iglesia, la que cause que regresemos a las raíces Judeo-Cristianas y el abrazar de nuevo los credos históricos.

Es mi oración de que la presente decadencia espiritual en los Estados Unidos nos lleve a acercarnos a Dios como nunca antes. Mi corazón tiene hambre del mover de Dios en esta nación y que sea clasificado como más que un avivamiento. No necesitamos algo que emocione a las personas por una temporada pero que no trae un genuino, y duradero cambio de cultura. Necesitamos un mover de Dios el cual sea clasificado más como una transformación de la Iglesia, la que cause que regresemos a las raíces Judeo-Cristianas y el abrazar de nuevo los credos históricos.

"Las culturas no son el reflejo de pueblos, raza, etnicidad, folklor, política, lenguaje, herencia o patrimonio. Más bien las culturas son un resultado del credo de un pueblo una manifestación temporal de la fe de un pueblo... Si las culturas empiezan a cambiar no es por las novedades, las modas, o el pasar del tiempo... es un cambio en la cosmovisión, ¡un cambio en la fe! ¡Lo que crea la guerra de las culturas es un pueblo con un compromiso a la fe... a una creencia!"

Este es el tiempo para que el verdadero cuerpo de Cristo se levante y que no sea más el producto o participante de nuestra actual sociedad en declive moral. Es tiempo de una GUERRA CULTURAL! Es tiempo de que la Iglesia sea inquebrantable en su compromiso con la fe verdadera. Cualquier cosa menos que eso dejará a la Iglesia vulnerable al declive espiritual, mismo que actualmente está en marcha.

DOS

VIENDO EN EL ESPEJO

Yo no sé si es lo mismo con todos, pero yo pienso de mí mismo, de que aún estoy joven en lo que tiene que ver con mi apariencia y mis habilidades físicas, aunque ya estoy en mis sesentas. Para traerme a un sentido de la realidad en lo que tiene que ver con mi actual condición exterior, simplemente basta tomar una buena y honesta mirada en el espejo.

Para que la iglesia vea un cambio real para ser el instrumento que Dios usará para restablecer la justicia en nuestra cultura, requerirá una buena, larga, y honesta mirada en el espejo, y entonces necesitaremos tener el coraje para confrontar cada cosa que veamos que no esté bien.

Aún existen muchas iglesias sólidas, comprometidas, y fructíferas; así como ministerios cristianos en nuestros países. Pero aunque podemos señalar a algunas iglesias florecientes, ¡esa no es la norma!

En octubre de 2012, el periódico USA *Today* publicó, en toda su primera plana un artículo declarando que el cristianismo protestante ya no es el grupo mayoritario entre la población de los Estados Unidos. El porcentaje de la población en los Estados Unidos declarando no ser religiosos es ahora del 52 por ciento. Esto significa que la mayoría de las personas en los Estados Unidos no quieren tener nada que ver con ninguna forma de religión. Simplemente ya no es importante para ellos. De muchas formas, nuestra cultura cristiana la cual había sido pasada de generación a generación está muriendo frente a nuestros ojos.

Cuando tomamos una mirada a la condición espiritual de las generaciones emergentes, nuestros adolescentes, tienen resultados no menos que alarmante. El Estudio Nacional de la Juventud y Religión (NSYR por sus siglas en inglés), el cual hizo un masivo estudio de 2003 a 2005 sobre la espiritualidad de los adolecentes en los Estados Unidos, reportó:

> "La gente joven en los Estados Unidos están, en teoría, conformes con la fe religiosa - pero a la larga no les preocupa mucho, y no es lo suficientemente duradera como para sobrevivir por mucho tiempo después de que se gradúan de la escuela secundaria."

El reporte de NSYR continúa diciendo,

> "Las elecciones religiosas y espirituales de los adolescentes en los Estados Unidos hacen eco, con una claridad muy impresionante, a las elecciones religiosas y espirituales de los adultos que están

cercanos a ellos. La fe lánguida no es un asunto de los adolescentes, sino nuestro. La mayoría de los adolescentes están perfectamente contenta con sus cosmovisiones religiosas; son sus iglesias las que están - de forma atinada- preocupadas. Entonces debemos asumir que la solución no está en inflar programas congregacionales para jóvenes y hacer la alabanza más "cool" y atractiva, sino más bien modelar la clase de fe madura y apasionada que decimos que queremos que la gente joven tenga."

Son reportes como los de NSYR, así como otros similares, los que tienen a muchos creyendo que los Estados Unidos puede estar solo a una generación de distancia de convertirse en tal y como es Europa con respecto a su situación espiritual.

Creo que no tenemos que aceptar estas predicciones negativas, pero también creo que no podemos darnos el lujo de simplemente ignorar lo que está pasando en nuestras naciones y continuar pensando que podemos "seguir con iglesia como siempre" y actuar como que todo está bien.

Si hay alguna acusación que se puede hacer en contra de la Iglesia Occidental, ésta podría ser que ésta ha hecho de su objetivo principal la construcción de grandes ministerios al costo de perder el objetivo de la misión real. En los Estados Unidos, nunca antes habíamos visto tantos mega ministerios siendo establecidos como se está viendo hoy en día. Y le doy gracias a Dios por cada cosa buena que ellos hacen por el reino, sin embargo al mismo tiempo, la Iglesia continúa perdiendo su voz y su influencia en la cultura. ¿Qué de bueno será el haber construido ministerios impresionantes pero, al final del día, el reino de Dios no ha avanzado?

En algunos casos, hemos hecho del Reino de Dios y de la Iglesia sinónimos, ¡pero no son lo misma cosa! La Iglesia es un instrumento de Dios para el avance del Reino en la Tierra. La meta no es el construir "iglesias." Jesús nunca nos dijo que construyésemos iglesias o grandes ministerios. El nos dijo que hiciéramos discípulos en todas las naciones, y El construiría la Iglesia.

Kenda Creasy Dean, el autor del libro, *Almost Christian* (Casi Cristiano), hace esta valiente declaración:

"Después de dos siglos y medio de ir de la mano con el Sueño Americano, las iglesias han perfeccionado una codependencia entre el terapéutico individualismo de ser impulsado por el consumidor y el pragmatismo religioso. Esta prácticas teológicas carcomen, como termitas, nuestra identidad de Cuerpo de Cristo, erosionando nuestra habilidad de reconocer que la obra de Jesús al darse por amor, reta de forma directa el evangelio americano de la autorrealización así como la autoactualización."

Vivimos dentro de la forma de pensamiento de la Iglesia Occidental, la cual pone un enfoque bastante fuerte en la relatividad cultural. El problema es que la Iglesia continúa pareciéndose más al mundo en lugar de que el mundo sea influido y transformado por la Iglesia.

Relatividad cultural no es nuestro problema.
¡Relatividad escritural es nuestro problema!

Dios nos ha llamado a cambiar el mundo, no adaptarnos a él. Esta es la razón porque Jesús nunca actuó de una manera políticamente correcta. Tampoco lo hizo el Apóstol Pablo. A cada lugar a donde fueron, Jesús o Pablo causaron un avivamiento o un alboroto; nunca algo entre estos dos extremos.

Como gente de Dios, debemos de poder discernir apropiadamente las señales de los tiempos y actuar de acuerdo a eso. No podemos permitirnos el lujo de practicar el juego religioso y estar satisfechos con cierto número de traseros sentados en las sillas para mantener la máquina funcionando. Esta línea de pensamiento nos empuja a territorios peligrosos donde podemos confundir el cristianismo con el instinto de conservación. La iglesia local debe ser más que una simple bodega de bienes y servicios. Como gente de Dios, estamos destinados para un llamado más sublime que ese.

El actual estado de declive de la Iglesia demanda que tomemos una mirada valiente de nosotros mismos y el ser dolorosamente honestos. Debemos reconocer que el tamaño, la afluencia, o notoriedad no se iguala al éxito en el reino. Esa es la definición de éxito en el mundo! Y la Iglesia Occidental se ha acercado de forma peligrosa a adaptarse a esa misma definición de éxito para sí misma.

El éxito es medido por la simple obediencia a la vida donde Jesús es Señor, y vivimos para llevar a cabo Sus propósitos en la tierra; no los nuestros. Es tiempo para que la Iglesia Occidental de nuevo venga a ser la fuerza que lidera. Y eso requerirá que empecemos a ser la "iglesia real" llena del poder de la resurrección y de una santidad genuina y no simplemente ser políticamente correcta, dirigida por el consumidor, ser un pacificador emocional para una generación disfuncional, absorbida en sí misma, de los mal llamados creyentes.

Yo creo que es un momento como se describe en Joel 2, donde los líderes cristianos de las naciones deben levantarse y ser una voz clara que causará que la Iglesia se levante y preste atención. No necesitamos celebridades cristianas que tengan la habilidad de atraer a grandes multitudes de aficionados devotos. Necesitamos verdaderos padres espirituales que sirvan como vigilantes en el muro quienes harán

Sonar la trompeta de tal manera
Que cause un avivamiento en la Iglesia
Para traer un entendimiento de la presente cultura de iglesia,
Que nos dará sabiduría para actuar en esta hora.

TRES

VIENDO EL GRAN PANORAMA

S iendo parte de un ministerio internacional transcultural desde 1985 el cual ha llevado a cabo ministerio misionero en ochenta y ocho naciones ha requerido que yo tenga que lidiar con un gran espectro de tendencias y movimientos nacionales cristianos. Esta experiencia en la vida de funcionar a una escala mundial me ha llevado a la siguiente convicción: será verdaderamente difícil para cualquier cristiano el realmente entender lo que está pasando en lo que concierne al cristianismo en los Estados Unidos, o en cualquier otro lugar, sin tener una perspectiva espiritual de la condición del mundo y de cómo continúa evolucionando. Cada cultura tejida en la tela del ciclo global de los eventos y las condiciones espirituales. Esto puede ser ilustrado claramente colocando toda la población del mundo entero en tres categorías espirituales:

No alcanzados, Naciones Cristianas Emergentes o
Naciones Post-Cristianas.

Al usar éstas tres categorías para identificar la condición espiritual del mundo, empezaremos a poner un fundamento para aprender como una nación cristiana puede empezar a perder su impacto espiritual en el mundo y aún en su propio patio trasero. Al adquirir una perspectiva amplia y global, esperamos que se sacuda nuestro pequeño ambiente, auto céntrico, cristiano y nos de la habilidad para ver las cosas desde la perspectiva de Dios. Luego de dar una explicación de cada una de las categorías espirituales, demostraré en el próximo capítulo la progresión espiritual que toma lugar entre las naciones de ambas maneras, lo bueno y lo malo.

Los No Alcanzados

Esta categoría describe diferentes partes del mundo donde hay grupos de personas sin testimonio del Evangelio que se replique. Hay 2.7 billones de personas en el mundo que no han escuchado el mensaje del Evangelio ni una sola vez. Una muestra de las naciones que aún están clasificadas como naciones no alcanzadas incluye lugares como Bután, El Medio Oriente, China, india y el Norte de África.

La mayoría de los No Alcanzados en el mundo están localizados en un área conocida como la Ventana 10/40. Este es un termino acuñado por el misionero estratega cristiano Luis Bush en 1990 para referirse a esas regiones del hemisferio oriental, además las partes en Europa y África del hemisferio occidental, localizados entre los 10 y 40 grados al norte del ecuador. Se reporta que rea es la que tiene menos acceso al mensaje del Evangelio.

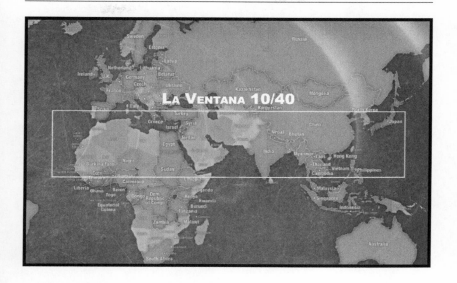

Dentro de esta ventana de los menos alcanzados en el mundo encontramos:

- 82 por ciento de los que sufren pobreza extrema en el mundo
- 84 por ciento de los que tienen los índices más bajos de calidad de vida
- El centro de actividad de las mayores religiones no-cristianas del mundo (Islam, Budismo, Hinduismo)

Naciones Cristianas Emergentes

Estas son naciones las cuales tienen grandes extensiones que no han sido alcanzadas, pero, al mismo tiempo, un movimiento cristiano fuerte que está emergiendo. Para que una nación califique para esta categoría, debe poseer dos criterios:

(1) La nación posee redes de iglesias nacionales las cuales son auto sostenibles y auto replicables.

(2) En la nación debe tener un liderazgo cristiano nacional fuerte, el cual ha emergido por la influencia de la iglesia local.

Una muestra de las diferentes regiones del mundo que se pueden clasificar en esta categoría incluye grandes porciones de la parte sur de África, Centro y Sur América, Filipinas, y aun Rusia.

Post-Christian Nations

Estas naciones fueron naciones cristianas fuertes en una época. Pero con el paso del tiempo, se fueron apartando de sus raíces cristianas hasta un punto en el cual ya no pueden ser clasificadas como naciones cristianas.

Cuando pensamos en naciones post-cristianas, Europa usualmente viene a la mente, es decir, países como Alemania, Francia, España e Inglaterra. Hace doscientos años, Inglaterra era el centro global de operaciones de las misiones mundiales. Actualmente, en cualquier día domingo, solamente 3 por ciento de la población en Londres asiste a la iglesia. Lo que fue una casa de poder para el evangelismo mundial es ahora una nación dominantemente post-cristiana.

Otro país que actualmente está siguiendo las huellas de Europa es los Estados Unidos. Es ahora el quinto campo misionero más grande en el mundo cuando tiene que ver con el número de su población. Muchos misiólogos están haciendo notar que los Estados Unidos está en la misma trayectoria que Europa tenía hace 100 años. Por ejemplo, en la década de los 40, durante la Segunda Guerra Mundial, más de 50 por ciento de todos los estadounidenses asistían a la Iglesia. En la década de los 60, solamente el 33 porciento estaban asistiendo a la Iglesia. En las siguientes dos décadas y media, el porcentaje de los asistentes a la Iglesia en los Estados Unidos se estancó en cerca del 30 por ciento. Pero en 1990, el porcentaje de la gente que asistía a la Iglesia en domingo de forma consistente había decaído al 20 por ciento, de acuerdo a un estudio realizado por la Agencia Misionera Bautista de Norte América (NAMB por sus siglas en Inglés). Desde el año 2000, la iglesia en los Estados Unidos ha continuado en su descenso constante en lo que concierne a la asistencia a la Iglesia. Si los Estados Unidos se mantiene su presente trayectoria espiritual, en menos de treinta a cuarenta años, solamente el 4 por ciento de la población estará asistiendo a la Iglesia.

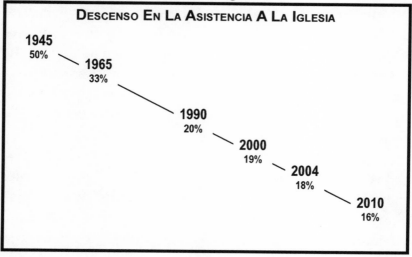

DESCENSO EN LA ASISTENCIA A LA IGLESIA

1945
50%

1965
33%

1990
20%

2000
19%

2004
18%

2010
16%

A causa de la era de la Internet, la gente puede navegar en la web hasta que encuentran un artículo o un recurso en casi cualquier tema o asunto el cual dirá lo que ellos quieran que diga o lo que ellos quieren oír. Esta es la realidad en lo que concierne a los porcentajes de asistencia a la Iglesia también. Por ejemplo, en los últimos años, la Gallup Poll considera que cerca del 40 por ciento de todos los estadounidenses son personas que asisten a la iglesia de forma regular. Muchos de los grupos cristianos de la investigación presentan porcentajes de nivel de asistencia muy alto, el cual se acerca a lo que reporta Gallup Poll.

El problema con los resultados de estas encuestas es la forma en que los encuestadores recolectan su información. La mayoría de la información es copilada a través de estudios por teléfono por medio del cual le preguntan a las personas si asisten a la Iglesia de forma regular. Esta es una pregunta a la cual los cristianos, aún los cristianos nominales, tienen mucha dificultad para responder con un "no." Aún si las personas que están siendo encuestadas asisten a la Iglesia seis de los cincuenta y dos semanas, un gran porcentaje de ellos dirá que asisten a la iglesia de forma regular. Los porcentajes de la gráfica anterior, ilustra los últimos veinte años, viene de encuestas que compilan información obtenida en servicios reales de iglesia y contando a las personas presentes en esos servicios.

Me he dado cuenta que no importa los diferentes métodos de encuestas que se use, ninguno de ellos será completamente exacto. Estos son simplemente educadas conjeturas basadas en información limitada, y eso incluye los porcentajes presentados en este libro. Pero el punto que estoy tratando de presentar es éste: cualquier persona que piense que en realidad 40 por ciento de la población de los Estados Unidos en verdad asiste a una iglesia cada domingo de forma regular está delirando. Para comprobar esto, simplemente camine fuera de su casa cualquier día domingo por la mañana, excepto Navidad y domingo de Resurrección, y párese ahí desde las 8:00 a.m. a las 11:00 a.m. para determinar cuánta gente en su calle en realidad sale con su familia para asistir a la Iglesia.

CUATRO

LA PROGRESION ESPIRITUAL DE UNA NACION

Para explicar de forma apropiada los retos de un estado post-cristiano, se requiere un entendimiento global de los movimientos y las tendencias de la Iglesia. Pero cada vez que alguien menciona las "tendencias globales o mundiales," los ojos de la mayoría de los pastores y de los miembros de la Iglesia se ponen vidriosos e inmediatamente ellos empiezan a perder el interés de los que se está diciendo. Después de todo, ¿no tienen ellos suficiente trabajo para mantenerse ocupados con lo que pasa en su patio trasero, como para tener que zambullirse en una discusión que tiene que ver con el mundo entero? La verdad es que al entender la progresión espiritual de una nación entre las tres categorías de los No Alcanzados, Naciones Cristianas Emergentes y la Naciones Post-Cristianas, podemos aprender algunas lecciones importantes las cuales nos equiparán para hacerle frente a los retos espirituales actuales que afronta la Iglesia.

En algún momento de la historia, toda nación cristiana inició en la categoría de los No Alcanzados y progresó hacia la categoría de Nación Cristiana Emergente. Cuando esto toma lugar, el mayor problema que confrontan esas naciones es el mismo que las iglesias confronta el día de hoy: ¿Cómo mantener el crecimiento espiritual que se encuentra en marcha mientras evita la trampa de deslizarse a la categoría de Post-Cristiana? Retrocedamos a través de cada categoría y observemos como una categoría progresa hacia la siguiente.

Examinando la primera categoría, los No Alcanzados, nos daremos cuenta, como ya se ha declarado, estas naciones usualmente son las naciones más pobres y con los índices más altos de enfermedades. Por lo general son los más inestables, y que tienen una tremenda opresión sobre el pueblo. Los No Alcanzados son gente que vive en absoluta oscuridad espiritual y sin una esperanza real de un futuro mejor. ¡Y entonces les llega el Evangelio! El Evangelio desata la Luz de Dios la cual empieza a disolver la oscuridad. La gente empieza a llegar al Señor, y eventualmente, nuevas iglesias son plantadas.

Junto con el mensaje del Evangelio viene la bendición de Dios. Conforme el Evangelio se extiende, la nación usualmente experimenta una mayor estabilidad y un cambio de tendencia económica. Conforme crece un movimiento nacional cristiano, el país que había sido clasificado como una nación no alcanzada se mueve hacia la categoría de Nación Cristiana Emergente.

Un poderoso ejemplo es Corea del Sur. A causa de la extensión rápida del Evangelio, el país pasó de tener un pequeño porcentaje de cristianos al principio del Siglo XX a una población formada por el 30% de cristianos el día de hoy. Pero junto al extensivo crecimiento de la iglesia cristiana en Corea del Sur, este pequeño país ha venido a ser una significante fuerza económica y espiritual en la tierra. Ellos ahora tienen la posición número uno como nación en el mundo, en el envío de nuevos misioneros.

En este punto en la historia, una gran porción del planeta cae dentro de la categoría de Naciones Cristianas Emergentes. Aunque los movimientos cristianos en estas naciones emergentes continúan escalando, usualmente toma algo de tiempo para que un cambio tome lugar en la forma en que ellos se perciben a sí mismos y a su nueva condición espiritual. Algunos ejemplos son lugares como los países en Centro América y las Filipinas. En realidad, estas naciones tienen unos de los más fuertes movimientos cristianos en el mundo. Pero muy a menudo ellos aún se ven como un campo misionero, y esperan que el resto del mundo cristiano se enfoque en ellos con el propósito de suplir para su necesidad espiritual, social y económica. Parte de la culpa por este tipo de mentalidad le pertenece a los adinerados occidentales quienes crean un espíritu de dependencia entre aquellas naciones cristianas emergentes. Esto sucede porque nosotros muchas veces fallamos en reconocer en que etapa se encuentran en realidad en su crecimiento nacional cristiano.

Por generaciones, la Iglesia Occidental ha sembrado el Evangelio en estas naciones, y la semilla sembrada ha echado raíces y mucho fruto ha florecido. Es tiempo ahora de ayudar a estas naciones cristianas emergentes a ver quiénes son ellos en realidad y equiparles para ser grandes fuerzas enviadoras de misioneros por sí mismas.

Ya no es tiempo de que las naciones cristianas emergentes estén del lado que recibe en lo que concierne a las misiones. Estas naciones deben ser animadas y equipadas para que se levanten y que lleven las buenas nuevas de Jesús al resto del mundo. No solamente es esto pertinente para la propagación del Evangelio alrededor del mundo, también es pertinente para la vialidad espiritual a largo plazo de estas naciones cristianas emergentes.

En estos tiempos finales, las tendencias globales se están acelerando. Por ejemplo, tomó casi doscientos años para que Europa cayera en su actual estado de post-cristiano. Pero si no hay un mayor cambio de tendencia en la condición espiritual de los Estados Unidos, terminará en la misma condición de post-cristiana como Europa - solo que esto sucedería en la mitad del tiempo.

Para dar otro ejemplo de cómo las tendencia globales se están acelerando, simplemente tenemos que ver a Rusia. Esta vasta nación se ha movido de la categoría de No Alcanzados a la categoría de Nación Cristiana Emergente en el corto periodo de la década de 1990. Fue uno de los más grandes movimientos de plantación de iglesias en las últimas décadas. Aunque este masivo país ha sido alcanzado únicamente en su 3 por ciento con el Evangelio, Rusia tiene fuertes redes de miles de iglesias con un sólido liderazgo cristiano nacional. Algunas de las iglesias que fueron plantadas a los principios de los años 1900s son ahora mega iglesias con dos o tres mil miembros en sus iglesias con cientos de iglesias periféricas bajo su cuidado espiritual.

Pero muchas de esas iglesias rusas que fueron plantadas tan solo hace veinte años ya están mostrando tendencias post-cristianas. La Iglesia en Rusia ya está tornándose a centrarse en sí misma y se está convirtiendo en materialista y absorbida en su propia estructura, perdiendo su fuego evangelizador. Una de las principales razones de esta progresión negativa es el asunto del "enfoque."

En la década de los noventa, el enfoque principal que impulsaba el movimiento evangelístico que barrió a través de las ocho zonas de tiempo de toda Rusia estaba en "el mandato de la Gran Comisión." Todo está enfocado en el avance del Reino de Dios hasta que el mensaje alcanzara hasta el último grupo de personas y cada región no alcanzada de Rusia.

Una vez que la iglesia rusa alcanzó cierto tamaño y fuerza, ésta empezó a cambiar una gran porción de su atención lejos de cumplir el mandato de la Gran Comisión de Cristo y empezó a enfocarse más en la construcción de grandes ministerios dentro de la Iglesia. Muchos de los más prominentes pastores rusos hicieron viajes a los Estados Unidos para estudiar como nosotros "hacíamos iglesia" y para aprender dónde poníamos la mayoría de nuestra energía. En la mayor parte, esto no fue algo positivo. Los fuegos delevangelismo empezaron a menguar conforme la iglesia rusa se enfocó en gran manera en sí misma. La alarmante lección en todo esto es:

Rusia fue de la categoría de No Alcanzados a una Nación Cristiana Emergente en diez años.

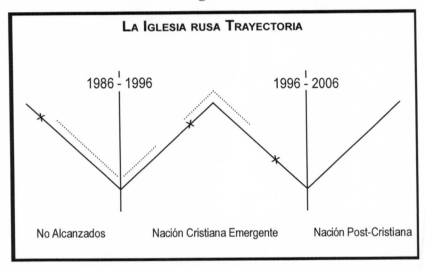

En menos de diez años, la Iglesia rusa empezó a mostrar tendencias post-cristianas.

Para ayudar a ilustrar como sucedió esto, examine la siguiente gráfica de lo los dos tipos comunes de movimiento de iglesia. Notará que ambos movimientos de iglesia inician igual. El No Alcanzado se enfoca en el evangelismo, el cual conduce a que las personas lleguen al conocimiento salvador de Jesucristo. Con el número de convertidos creciendo constantemente, vemos el establecimiento de un movimiento creciente de plantación de iglesias mientras el mensaje del evangelio se continúa extendiendo.

Pero cada movimiento en la iglesia llegará a una bifurcación en el camino, y la dirección que se escoja determinará el futuro.

COMÚN TIPO DE MOVIMIENTOS ECLESIALES

Estado Post-cristiano	Ministerio Generacional
↑	↑
Tendencias Post-cristianas	Avance del Reino
↑	↑
Enfoque en la Gran Comisión	Edificando Ministerio

Plantando Iglesias   Plantando Iglesias
↑   ↑
Evangelismo   Evangelismo
↑   ↑
No Alcanzados   No Alcanzados

El movimiento de la iglesia en el lado derecho continúa promulgando el mismo enfoque fuerte sobre la Gran Comisión de donde originalmente nació. Esto resulta en la contínua expansión del reino de Dios. Al mismo tiempo, la congregación de la iglesia que sostienen el movimiento como un enfoque hacia afuera, el cual crea un ministerio generacional, continuará.

El movimiento de la iglesia en el lado izquierdo inicia a perder su enfoque original y pone la mayoría de su energía y capacidades financieras en la edificación de sus ministerios. En ese punto, el enfoque se empieza a cambiar hacia adentro y las tendencias post-cristianas arrasan todo dentro de la cultura de la Iglesia. El resultado es que el movimiento se enfoca en la calidad de la preservación más que en el avance del Reino, y el movimientoempieza el proceso lento de la rigidez cadavérica espiritual el cual resultará en el estado post- cristiano.

Cada Nación Cristiana Emergente en la tierra debe estar consciente de esta engañosa calamidad espiritual. Una vez que una iglesia es exitosa en edificar una gran congregación, aun una red de iglesias, es extremadamente tentador el desviar el enfoque hacia adentro y el uso de la mayor parte del recurso humano y los otros recursos a fin de que provean para sí mismo. Con el paso del tiempo, la congregación misma empieza a demandar para que se dé este proceso, y la Iglesia como un ente completo empieza a perder la habilidad de impactar el mundo para Cristo.

Para ayudar a ilustrar este punto, continuaré usando a Rusia como un ejemplo. En 2006, viajé a Rusia para reunirme con trece de los principales líderes cristianos rusos en la ciudad de Ufa. El propósito de esta histórica reunión era el proveerme con la oportunidad de compartir mi preocupación con estos líderes acerca de la futura condición de la Iglesia Rusa. De muchas maneras, el gran avivamiento de los 90s era casi una cosa del pasado. La Iglesia Rusa, en su mayoría, había perdido su fuego evangelístico.

Conforme derramaba mi corazón con estos pastores rusos, les dije,

No es suficiente el ver a la gente venir a Cristo. No es suficiente simplemente el plantar iglesias. Ustedes deben de establecer iglesias que sean fuertes para trabajar en la Gran Comisión y que estén llenas de cristianos de la Gran Comisión. No pierdan su pasión por los no alcanzados. La meta no es el edificar ministerios impresionantes. ¡La meta es el cumplir la misión! Produzcan soldados para Dios, no solamente gente para las iglesias. Si ustedes permiten que sus iglesias pierdan el enfoque de la Gran Comisión, sus iglesias empezarán a poner su enfoque en sí mismas. En ese momento, sus iglesias empezarán a mostrar las tendencias post- cristianas así como se ven en el Occidente.

Uno de los pastores rusos habló con lágrimas corriendo en su rostro y dijo: "Ya está sucediendo. Nos encontramos ya bajo la presión constante de encontrar las nuevas formas para motivar a nuestra gente para simplemente mantenerles asistiendo a la iglesia, sin ni siquiera motivar a que ganen a sus vecinos para Cristo. En lugar de eso, ellos están enfocados en la búsqueda de su propia felicidad y autorrealización. Y creen que ése es el propósito de la Iglesia."

Como lo mencioné anteriormente, ésta es una poderosa lección y advertencia para todas las naciones cristianas. Cualquier movimiento en la Iglesia en cualquier país puede iniciar la caída hacia la categoría de Naciones Post-Cristianas si el enfoque está en la edificación de ministerios en lugar de ir a completar la misión - la Gran Comisión!

Gracias a Dios que no les he relatado la totalidad de esta historia todavía. Desde esa reunión con los pastores en 2006, más de 2,000 pastores y líderes cristianos a través de toda Rusia han recibido entrenamiento especializado en cómo edificar iglesias fuertes en la Gran Comisión a través del programa especial de entrenamiento de misiones para pastores llamado Senda Global (Global Pathway). Este ha ayudado a iniciar un movimiento nacional misionero entre algunas redes de iglesias, el cual ha reavivado el fuego de evangelismo y creado un nuevo enfoque en la Gran Comisión ordenada por Cristo. Durante un periodo de cuarenta y dos meses hemos documentado más de 100,000 nuevas salvaciones con más de 200 nuevas iglesias plantadas. Todo esto se ha podido alcanzar a través de las iglesias rusas que han formado equipos misioneros o de alcance, enfocándose en treinta y nueve regiones no alcanzadas, y con fondos de las congregaciones rusas.

Aunque hemos visto tremendos avances en Rusia desde el 2006 en lo que es el confrontar las tendencias post-cristianas que estaban "arrestándose hacia dentro," hay todavía mucho trabajo por realizar para mantener el movimiento cristiano en esa parte del mundo con el enfoque en el objetivo. He compartido lo que sucedió en Rusia para enfatizar el punto de que la iglesia en el occidente no está sin esperanza. Una cultura post-cristiana puede ser cambiada dentro de una nación. No es fácil, y posiblemente requerirá más que solamente oración y avivamiento. Requerirá gran valentía juntamente con un entendimiento claro de lo que causa que emerja una cultura post-cristiana y el saber qué tomará el confrontarla y cambiarla.

CINCO

La Causa De Una Cultura Post-Cristiana

¿Cómo puede una sólida nación cristiana como los Estados Unidos apartarse de sus raíces cristianas al punto que naciones no occidentales están enviando algunos de sus misioneros para ganar a los Estados Unidos de regreso al Señor? Estas naciones son las mismas que primero recibieron el mensaje del evangelio de misioneros enviados por la iglesia de los Estados Unidos. La respuesta a esta pregunta es crítica para poder discutir la presente situación espiritual de los Estados Unidos. Nunca podremos en verdad descifrar la cura para ese estado post-cristiano hasta que comprendamos exactamente antes que es lo que lo causa.

Esta es la verdadera razón por la cual debemos entender las tendencias globales. Una nación cristiana no se vuelve post-cristiana de la noche a la mañana. Esto sucede en un periodo de décadas y puede ser tan sutil que es casi imperceptible por años. Para discernir apropiadamente la verdadera causa del por qué una nación cristiana se convierte en una post-cristiana, debemos ver mas allá del fruto de una cultura post-cristiana y profundizar hasta la raíz que la causa.

Cuando le pregunto a cristianos y a líderes de iglesia que creen ellos qué es lo que causa un estado post-cristiano, las típicas respuestas que usualmente recibo se pueden condensar a esta lista: materialismo, consumismo, egoísmo, egocentrismo, orgullo, codicia, deterioro moral, y algunos otros comentarios similares. Lo que quiero exponer a ustedes es que ninguna de estas cosas que he listado es la verdadera causa para que se desarrolle una cultura post-cristiana. Estos son simplemente los frutos o los efectos a largo plazo de la causa real. En otras palabras, esto es cómo se verá la cultura eventualmente y actuará de esa manera dado a la causa.

Después de lidiar con culturas post-cristianas en muchos países, incluyendo las condiciones espirituales actuales en los Estados Unidos, he concluido que la raíz que causa el desarrollo de un estado de post-cristianismo en cualquier nación es la prédica de un defectuoso evangelio por un extendido periodo de tiempo. Este es un mensaje del evangelio que ha perdido muchos de sus puntos espirituales principales al punto que el mensaje posee el inadecuado poder divino para transformar la sociedad.

¿Qué causa que una cultura post-cristiana evolucione? ¡La prédica de un evangelio defectuoso!

No estoy diciendo que ser un predicador en los Estados Unidos es inadecuado. Este nunca será el caso cuando una nación cristiana se aleja de sus raíces cristianas. Es una descarada herejía el tipo de mensaje del Evangelio que empieza a aparecer después que una nación llega a ser post-cristiana. El proceso para llegar ahí es mucho más sutil. Esto es por lo que el deterioro de la condición espiritual en los Estados Unidos no sucedió de la noche a la mañana, se dio a través de décadas.

Juntamente con tendencias post-cristianas, usted siempre encontrará prédicas que apelan al intelecto. ¡Esta es predicación que es cerebral! Es educacional. Solo estimula la mente. Esta hace que la gente se sienta bien acerca de sí mismos y acerca de sus circunstancias mientras que no requiere ningún cambio espiritual real. Este tipo de "predicación intelectual" viene a crear un nivel cognoscitivo de las disciplinas morales, por lo menos por un periodo de tiempo, pero trae una diminuta o ninguna transformación espiritual. El discernimiento verdadero, a través de la guianza del Espíritu Santo, mengua y es gradualmente reemplazado con métodos de estimulación emocional de actividades de la iglesia.

Ese es el porqué podemos terminar teniendo iglesias llenas de gente que en realidad ni parecen ni actúan muy diferente a la forma en que actúa o parece el mundo cuando regresan a casa de sus servicios en sus iglesias. Ellos simplemente se presentan en la iglesia una vez por semana con el propósito de recibir algún tipo de dosis emocional por medio de recibir un poco de estimulación que ellos esperan que les ayude a pasar la semana. Estas personas más parecen adictas a la iglesia que genuinos discípulos de Cristo.

Esta es la razón por la que también tenemos tanta gente saltando de iglesia en iglesia. Cuando la estimulación de la iglesia se detiene en producir los efectos que antes producía, los adictos de iglesia empiezan a buscar una nueva dosis espiritual la cual les provea una nueva dosis emocional. El resultado de todo esto es una competencia entre iglesias para ver quién puede proveer la mayor estimulación sin la amenaza de una real confrontación o liberación espiritual.

¿Qué tiene de bueno que la iglesia pueda crear la habilidad de reunir a miles de individuos alocados, disfuncionales, codependientes, egocéntricos cada semana cuando no hay ningún cambio espiritual o crecimiento real? Cuando tiene que ver con el crecimiento de la iglesia, debemos de aprender que no tiene que ver con mega tamaño sino tiene que ver con mega impacto que es producido a través de la predicación de la palabra de Dios con poder y unción.

Cuando ya hemos identificado que la causa primaria del desarrollo de una cultura post-cristiana en una nación es a través de la prédica de un evangelio defectuoso, nos damos cuenta que la responsabilidad de la condición espiritual de cualquier nación cae completamente en los hombros de la iglesia y sus líderes. Dios no nos permitirá que culpemos de la condición espiritual de la nación al presidente, o al congreso, o los jueces liberales, o los medios liberales, ni siquiera a Hollywood. La Iglesia siempre es la columna espiritual de cualquier nación.

¿Por qué ponemos nuestra esperanza o confianza en el gobierno para legislar la pureza moral o la verdadera y genuina santidad? El mundo simplemente actúa como el mundo. Si nuestra nación va a experimentar un cambio espiritual, requerirá que la iglesia se levante y actué con valentía y en obediencia radical a las escrituras. ¡No importando a quién pueda ofender! El mundo siempre será ofendido por la verdad. Porque la verdad confronta, ésta establece el estándar moral divino, y expone la descarada rebelión de la sociedad para con su Creador.

Una realidad dura que debemos de encarar es el hecho de que muchas iglesias se encuentran en serios problemas financieros. Debido a programas extensos de construcción de edificios y decisiones incorrectas de cómo manejar los gastos, éstas han acumulado grandes deudas. Muchas veces, es a través de la acumulación de deudas que las iglesias se ven motivadas a comprometer hasta el mensaje que está saliendo desde sus púlpitos.

Muchas iglesias se envuelven en problemas financieros cuando tratan de competir con la iglesia que queda a unas calles de distancia. Porque muchas congregaciones han sido edificadas en quien puede proveer los mejores bienes y servicios, algunos pastores y líderes de iglesias se sienten presionados para construir edificios que puedan competir con cualquier otro ministerio. Pero no encontramos un versículo en el Nuevo Testamento donde el pueblo de Dios sea ordenado a construir un lugar majestuoso de adoración para que más gente viniese. En lugar de eso, al pueblo de Dios se le dijo que sea el templo - el lugar de adoración. En algún punto, debe de darse un cambio en el hacer uso de toda nuestra energía y recursos para construir edificios que abastece para nuestras necesidades, a edificar una congregación la cual está unida por el propósito y llamado divino.

Algunos pastores han expresado que ellos sienten que se encuentran en un punto sin retorno. Dado al estrés financiero en que se encuentra funcionando la iglesia, a causa de las pobres condiciones, sienten como que ellos no pueden darse el lujo de perder a ningún miembro de su congregación por esa razón. Entonces, dado a la desesperación, el mayor enfoque de la iglesia se vuelve hacia hacer todo lo que sea necesario para mantener los traseros en las sillas a cualquier costo.

Un ministro muy conocido (a quien no nombraré) me comentó recientemente que un gran número de pastores a lo largo y ancho de los Estados Unidos le han admitido que tienen temor que la mitad de la membrecía de sus congregaciones se irían de sus iglesias si ellos en verdad empiezan a predicar lo que Dios está hablando a sus corazones. Esa es la condición a la cual debe dirigirse la Iglesia en los Estados Unidos, ¡un genuino compromiso espiritual! Se ha llegado al punto en el que la meta no es el proclamar la Palabra de Dios, sino que se ha vuelto el mantener a todos contentos y el superar a la iglesia que está al final de la calle en un intento de mantener un status quo y sostener la maquinaria funcionando.

SEIS

Cuatro Variaciones De Un Evangelio Defectuoso

En cualquier país donde se muestren las tendencias post-cristianas, generalmente se encontrarán cuatro variaciones comunes del evangelio defectuoso que está siendo predicado. Conforme avanzamos a través de las diferencias de estas variaciones, creo que usted reconocerá todas ellas en la cultura de la iglesia actual. El propósito que tengo al presentar estas variaciones no es el de identificar a algún grupo en particular en el cuerpo de Cristo o el dar un comprensivo, o algo como un comentario expositivo en cada uno de los puntos que presentó. Existen aquellos en el cuerpo de Cristo que están más calificados para hablar acerca de esto. Lo que quiero lograr es el provocar a todos nos coloquemos en un lugar para la introspección concerniente de estas cuatro variaciones.

La primera variación de un evangelio defectuoso es un evangelio basado solamente en salvación y no en el Reino de Dios. Hay una gran diferencia entre el predicar el evangelio de salvación y predicar el Evangelio del Reino de Dios. El evangelio de salvación es glorioso, pero es solamente una parte del evangelio del Reino. El evangelio de salvación está enfocado en irse al cielo. El Evangelio del Reino está enfocado en traer las realidades del cielo a los perdidos y a la humanidad herida acá en la Tierra. Debemos de dejar de confundir nuestro destino con nuestra misión. Un evangelio basado solamente en la salvación crea:

- Individualismo
- Una falta de entendimiento y aprecio por la iglesia
- Una vida autocéntrica en lugar de Cristocéntrica
- No se enfoca en la Gran Comisión
- Un mal manejo de la bendición de Dios

Hablaré más a cerca del Reino de Dios en un capítulo posterior.

La segunda variación de un evangelio defectuoso es un evangelio el cual mercadea "la buena vida" más que la liberación de una vida pecaminosa y caída. Este tipo de mensaje del evangelio crea:

- Una búsqueda de la felicidad, en lugar de una búsqueda de la cruz
- Una falta del "Señorío" bíblico
- Consumismo en lugar de servicio, o esclavitud

Un gran número de personas han llegado a estar desilusionadas con la experiencia de iglesia porque no fue lo que habían pensado que sería. La causa de esa desilusión es debido a su motivación para venir a ser parte de la iglesia en primer instancia. Sus motivos tenían poco o nada que ver con su desesperada necesidad de ser liberados de su estado caído y pecaminoso. Ni tampoco su motivación estaba basada en el servir a Cristo. Pero en lugar de eso, ellos decidieron entrar dentro de la escena de la iglesia, debido a la "buena vida" que se les prometió.

El Evangelista Ray Comfort, fundador de The Way of the Master (EL Camino del Maestro) en Bellflower, California, nos da una percepción acerca de este relevante dilema cultural con estas palabras:

> Aquellos quienes vinieron a la fe a través de la puerta de la búsqueda de felicidad en Cristo vendrán a pensar que esa felicidad es una evidencia del Amor de Dios. Ellos aún podrán pensar que Dios los ha abandonado cuando las pruebas vienen y su felicidad desaparece. Pero aquellos que buscan la Cruz como un muestra del amor de Dios nunca dudarán de Su firme amor para con ellos.

La Biblia declara que fue de mucho placer para el Padre el darnos el Reino. Pero esto nos servirá muy bien para recordar que El es el Rey de ese reino, no nosotros. Jesús vino para proveernos vida en abundancia. Pero esa vida abundante es para ser usada para brindarle a El la gloria. En algún lugar a lo largo del camino nos hemos olvidado del hecho de que hemos sido creados por Dios; Dios no fue creado por nosotros. El es nuestro escudo y defensor, no nuestro escudo y *mayordomo*.

En las últimas décadas, la Iglesia ha creado grandes congregaciones de gente quienes se mueven por el interés en su felicidad más que en su santidad. ¿Cómo puede una comunidad de iglesia impactar una cultura si su enfoque primario está en la calidad de vida que puede crearse para sí misma, mientras la condición espiritual del resto del mundo es una consideración o pensamiento secundario muy lejano?

Uno de los retos que enfrentamos en nuestra cultura en la Iglesia Occidental es el hecho de que tenemos que crear una generación de creyentes que midan su compromiso con Dios basado en lo que Dios hará por ellos. ¿Tengo la seguridad de que Dios cuidará de mí? ¡Sí! ¿Puedo confiar en Dios si me establezco en el record bíblico que dice que la obra ya la concluyó Jesús en la cruz? ¡Absolutamente! Pero alguna vez se ha hecho esta pregunta: ¿Qué pasaría si Dios nunca hiciera otra cosa por usted? ¿Aún le adoraría y le serviría a El con su vida? Mi compromiso con Dios no está basado en lo que EL pueda hacer por mí. Este está basado en quién es EL. Jesús es Señor, y ¡punto!

En 2009, Estaba en India ayudando a dirigir una conferencia de pastores con una asistencia de mil pastores. En uno de los servicios públicos de la noche, se hizo la invitación para aquellos que quisieren ser bautizados en agua. Cerca de veinticinco personas respondieron a la invitación y vinieron al frente de la plataforma. Me di cuenta de que cada persona que pasó al frente era acompañada por un ujier y se les pedía que llenaran un formulario lo cual se me pareció que era como una aplicación. El ministro indio que estaba sentado a la par mía me explicó que los pastores del área pueden ser encarcelados por dos años si ellos no siguen cierto protocolo legal antes de bautizar a alguien.

En esa provincia, las personas que se querían bautizar debían presentarse frente a un juez, primero. El juez normalmente es de religión hindú. Frente al juez, el cristiano convertido debe renunciar al Hinduismo como su religión personal y entonces declara que ha convertido en cristiano por su propia y libre voluntad sin haber recibido algún dinero. Todo proceso es muy intimidante. Pero eso era solo el principio de toda la explicación que recibí de mi amigo, el pastor indio.

El pastor continúo explicándome cómo el bautismo en agua es algo en lo cual no se entra tan fácilmente ya que en su cultura esto es una confesión pública de la fe cristiana de una persona. Cuando una persona declara públicamente su cristianismo frente al juez, podría al regresar a casa encontrarla totalmente quemada, o que su familia lo hubiese repudiado, y hasta haber perdido su trabajo. Todo eso es el precio que cada nuevo cristiano indio al convertirse sabe que debe pagar por su fe. Aprendí que en algunas partes de India, así como en esta provincia en particular, el bautismo en agua no es solamente una ceremonia cristiana de rutina; ¡es una demostración pública de su total compromiso con Cristo!

El ministro cristiano que me explicó esto también hizo este comentario, " en nuestra cultura de iglesia nosotros no tenemos mucho problema con gente que se rinda o renuncie, que vuelva atrás de su caminar con Dios. Eso es más una cosa que es común en Occidente." Aunque el no lo dijo como una falta de respeto, el ministro indio estaba relatándome el pensamiento del cristianismo en el occidente donde no se requiere mucho de un sacrificio real o de un compromiso real.

Conforme reflexionaba en las palabras que ese ministro amigo mío comentó a cerca de los que se apartan de la fe, me di cuenta que sus palabras eran dolorosamente verdaderas. Muchas veces hay una superficialidad en nuestra cultura occidental cristiana, la cual viene a ser más obvio de lo que nos gusta admitir. Pensé acerca de todas las veces que me he cruzado con personas que están enojadas con Dios y han dejado de ir a la iglesia porque su novia los dejó, o porque ellos no recibieron la promoción que ellos querían o por algunas situaciones donde no resultó de la forma en que ellos querían. Cuando otras culturas ven este tipo de compromiso en las vidas de estos cristianos, ellos se preguntan si en verdad alguna vez hubo un tipo real de compromiso al Señor en primer lugar. ¿Qué más podrían pensar?

En su libro Radical, el pastor David Platt señala que el evangelio que Jesús predicó va en contra de nuestra cultura de iglesia en los Estados Unidos. El declara que cuando Jesús retó a los doce hombres que se convirtieron en Sus discípulos, El no lo hizo prometiéndoles la buena vida. El dice, "Jesús los estaba llamando a abandonar todo. Ellos estaban dejando, certeza por incertidumbre, seguridad por peligro, instinto de conservación por auto-denuncia.

En un mundo que premia "el promoverse a uno mismo," ellos estaban siguiendo a su maestro, quien les dijo que se crucificaran a sí mismos."

Es innecesario decir, que Jesús no sería invitado a hablar en ninguna conferencia de crecimiento de iglesia el día de hoy. Sus invitaciones a los potenciales seguidores eran claramente más costosas de lo que la gente común no estaba dispuesta a aceptar, pero Jesús estaba en paz con eso. Porque para Jesús nada tuvo que ver con su popularidad o que tan grande podía hacer crecer su club de seguidores. Jesús se enfocó en pocos discípulos, los cuales estaban genuinamente comprometidos con El, aun cuando les habló del estilo de vida cristiana radical la cual vendría como resultado de la obediencia radical a El. Y a través de la obediencia radical de algunos, El cambió el curso de la historia hacia una nueva dirección. ¡Jesús quiere hacer lo mismo el día de hoy en toda nación!

La tercera variación de un evangelio defectuoso es un evangelio que promueve la justificación sin el conocimiento de la Verdad. Este tipo de mensaje del evangelio crea:

- Anti- intelectualismo
- Vulnerabilidad a las falsas enseñanzas y las falsas religiones
- Una generación de iglesia superficial

Por los últimos cien años, la Iglesia en los Estados Unidos ha estado creciendo en algunas cosas pero degenerándose en otras. Esto es porque la Iglesia ha estado presentando justificaciones sin el conocimiento de la Verdad. Hemos convertido la salvación en una experiencia religiosa superficial la que produce convertidos pero muy pocos nuevos nacimientos genuinos. Nuestros servicios de domingo por la mañana se están llenando de "gente de la iglesia" en lugar de "discípulos" de todas las naciones. El Señor Jesús, sin embargo, nos llama a hacer a las personas Sus aprendices, aquellos que aprenden de El.

El recobrar y seguir a la sabiduría, entendimiento, y conocimiento son claves del proceso de apartarse espiritual en la iglesia. La realidad es que la inteligencia post-modernista sabe que no sabe y que no puede saber la verdad. Por eso la sociedad viene a ser su propio dios (o es su propio conductor de vida, por decirlo así), relatividad es la palabra de moda el día de hoy. Toda verdad viene a ser relativa para el individuo y como ellos quieran interpretar el momento. Ravi Zacharias, un Americano Canadiense, nacido en La India, experto apologista cristiano evangélico se dirige a este asunto así:

> La cosmovisión postmodernista opera con un entendimiento basado en comunidad sobre lo que es la verdad. Esta afirma que lo que sea que aceptemos como verdad y aun la forma en que guardamos la verdad éstas dependen de la comunidad donde estemos conviviendo. Además, y aún más radical, la cosmovisión postmodernista afirma que su relatividad se extiende mas allá que nuestra perspectiva de la verdad; más bien, la verdad es relativa a la comunidad en la que participamos.

El engaño corre desenfrenado y recurre a la fuerza. Este tiene que esclavizar y destruir. Y todo esto lleva a la esclavitud moral e intelectual a la cual el día de hoy se le llama "políticamente correcto." Esta es la forma en que una sociedad impía funciona. Pero mientras las palabras engañosas esclavizan, la verdad libera. Esta empodera a las personas con una brújula moral que indica un estándar para nuestras acciones las cuales glorificarán a Dios. Caminamos como epístolas vivientes porque nuestra salvación y nuestra herencia en Cristo están fundamentadas en la verdad de la Palabra de Dios.

La mayoría de los cristianos (asistentes a la iglesia) ya no están bien fundamentados en la Escritura. La impartición sistemática de cualquier tipo de sólida teología bíblica es muy difícil de encontrar. La capacitación bíblica para la mayoría de los cristianos consiste en un mensaje de treinta minutos, que les haga sentir bien, los domingos por la mañana. Aún la experiencia de la salvación de muchos cristianos no está bien fundamentada en la Escritura.

Mientras el pastor Larry Stockstill, el pastor de la Iglesia Bethany (Betania) en Baton Rouge, Louisina, estaba predicando a un grupo de doscientos pastores y ministros en Nueva Orleans en 2011, él hizo esta declaración: "Bien, ahora nos podemos felicitar a nosotros mismos como ministros. Exitosamente hemos creado una generación de cristianos espiritualmente analfabetos."

La mayoría de las encuestas evidencia la validez de la declaración del pastor Stockstill, mostrando que los cristianos asistentes a la iglesia ni siquiera leen sus Biblias de forma regular. Da miedo el pensar que el estudio de la Biblia para un gran número de personas en la presente cultura de iglesia ha sido reducido a un devocional diario de la Escritura en sus iPads.

En lo que se refiere a pasar tiempo con Dios en oración, esa práctica ha venido a ser casi inexistente. En nuestra presente cultura de iglesia, el cristiano promedio ora dos minutos al día mientras el ministro de tiempo completo en promedio ora tres minutos, de acuerdo a Todd Ahrend en su libro En Esta Generación.

En años recientes, muchos líderes han venido preocupándose por la música que se está presentando en nuestros servicios de adoración. Tomando un enfoque más contemporáneo con el uso de luces especiales, efectos especiales, y sistemas sofisticados de sonido que apela a muchos, principalmente a la generación joven, ese no es el asunto. Tiene que ver más con la calidad del mensaje que estamos cantando. Mike Breen, pastor, autor, y líder del equipo de 3DM, expresa esas preocupaciones en un artículo en la publicación de Missio Nexus de Mayo de 2013:

> Mientras que la calidad de la música ciertamente ha mejorado en los últimos quince años, yo argumento que el contenido de las canciones ha ido para abajo. Muy bajo. Muchas veces olvidamos que la gente antes aprendía verdades doctrinales y la meta narrativa en la cual ellos se podían colocar por medio de las canciones que cantaban cada domingo.

Las canciones aún en ese entonces eran contagiosas. Carlos Wesley compuso sus canciones en tonos populares. ¿Pero ha leído un himno de Wesley? Están marcados completamente con la verdad de lo que significa el vivir en el Reino de Dios. ¿Dónde están los Carlos Wesley de nuestros días?

Cuando nuestra iglesia promueve la justificación sin conocimiento de la verdad, a través del tiempo produce un impacto negativo en un amplio sector de la sociedad. Una encuesta de Gallup publicada el 19 de mayo de 2013, muestra que la mayoría de estadounidenses dicen que la religión ha perdido influencia en los Estados Unidos. A las personas participaron en la encuesta se les hizo esta pregunta: "Al presente momento, ¿usted piensa que la religión como un todo está incrementando su influencia en la vida de los Estados Unidos o está perdiendo su influencia?" Alrededor de tres de cuatro personas (77 por ciento)dijeron que la religión está perdiendo su influencia en la vida de los norteamericanos, mientras el 20 por ciento dijo que la influencia se está incrementando. Estos números representan la más negativa evaluación sobre el impacto de la religión en los últimos cuarenta años.

Dado a la falta de una sólida base bíblica de los cristianos en los Estados Unidos, un número nunca antes visto de personas se está convirtiendo al Islam. Irónicamente, la tendencia es justamente lo opuesto en otras partes del mundo. Alex Murashko del Christian Post (El Periódico Cristiano) reporta que a pesar de la campaña en contra del vivir cristiano en países predominantemente islámico, lugares como Irán, el número de musulmanes convertidos al cristianismo está creciendo a un ritmo explosivo, de acuerdo con el grupo que observa de cerca este fenómeno, Open Doors USA (Puertas Abiertas USA).

Pero tristemente, ésta no es una tendencia que se observa en los Estados Unidos donde muchos cristianos están convirtiéndose al Islam. El mayor número de nuevos convertidos al Islam en los Estados Unidos viene de la comunidad afroamericana, pero un número en incremento se observa también en los descendientes anglosajones. De acuerdo con la NBC News, veinte mil norteamericanos se convierten al Islam cada año.

Jesús hizo esta declaración en Juan 8:31-32: "Si vosotros permaneciereis en mi Palabra, seréis verdaderamente mis discípulos; y conoceréis la verdad, y la verdad os hará libres." Pero esta es la cosa que realmente hace falta en la Iglesia el día de hoy, la verdad que hace libre a la gente. Demasiado a menudo las congregaciones alrededor del país reciben de sus púlpitos un evangelio socialmente diluido con el fin de ser políticamente correctos y el no ofender a nadie. La meta primaria ya no es el predicar la verdad sino más bien el encontrar nuevas formas de entregar una presentación que entretenga la cual atraerá a grandes multitudes.

El Obispo McLaughlin de la Potter's House en Jacksonville, Florida, hizo esta declaración durante una de sus sesiones para pastores de los miércoles al darles mentorías: "Los predicadores están predicando para recibir una respuesta, no resultados."

La cuarta variación de un evangelio defectuoso es el evangelio que presenta una perspectiva defectuosa de la soberanía de Dios. Este tipo de mensaje del evangelio crea:

- Una inhabilidad al entrar a la guerra espiritual
- El deshacerse de la responsabilidad personal
- Confusión durante los tiempos de dolor y sufrimiento
- Una mala representación de la personalidad de Dios Padre

Este tipo de evangelio ha puesto a una porción grande del cuerpo de Cristo en un estado de impotente confusión. Hoy día, la mayoría de los cristianos no conocen lo que es de Dios y lo que no es. Esto les deja sin base para ejercitar la fe. Como ya he discutido de este tema con diferentes ministros cristianos, más de uno ha declarado que cree que la enseñanza incorrecta sobre la "soberanía de Dios" está causando más daño al cuerpo de Cristo que cualquier otro tema. Viniendo de un país el cual opera como una democracia, nosotros no usamos la palabra soberano o soberanía en la mayoría de nuestras conversaciones diarias. De hecho, estas son palabras las cuales encontramos difícil de definirlas. Quizás si viviésemos en un país gobernado por un rey o un dictador, algunos de los matices de estas palabras nos serían aclaradas. Dada nuestra falta de entendimiento de estas palabras es que el cuerpo de Cristo es vulnerable a usarlas de forma incorrecta.

La palabra "soberano" solo aparece una vez en la versión Reina Valera de 1960, y la palabra "soberanía" no aparece ni una vez. Algunas de las traducciones modernas, de la Biblia, que han venido a ser muy populares en una gran porción de la comunidad de la Iglesia han insertado estas dos palabras para amplificar el nombre de Dios. No hay nada particularmente errado con esto, mientras mantengamos la definición precisa de las palabras como la prioridad.

¿En qué lugar se basa toda la confusión en lo que concierne a la soberanía de Dios?, y ¿cómo es que está causando tanto daño? El problema inicia cuando las personas empiezan a creer y a predicar que la soberanía significa que Dios controla todo. El hace que todo suceda, El es la causa de todo lo que sucede y nada puede suceder sin Su permiso. Algunos aún van más allá al decir que el hombre no tiene ninguna injerencia en que si él irá al cielo o irá al infierno y no puede el hombre cambiar ese resultado. Si esas aseveraciones son absolutamente correctas, no habría ningún país sobre la tierra en el cual las personas quisieran servir al Señor. ¿A qué gente le gustaría recibir y servir a un Dios que mata niños, pone enfermedades sobre los seres queridos, y causa desastres que aniquilan y borran a miles de personas inocentes e incapaces?

Dado al hecho de que una gran porción de la Iglesia está dando al mundo esa distorsionada perspectiva de Dios a través de su enseñanza de la "soberanía de Dios," la mayoría de los no creyentes piensan que hay que culpar a Dios por todas las malas cosas que suceden en la Tierra, y de hecho mucha gente piensa que las cosas están tan mal porque seguramente Dios no existe. Cuando yo tenía nueve años de edad, mi compañero de clase Jackie se electrocutó cuando agarró un cable eléctrico mientras trepaba en lo alto de un árbol. El voltaje era tan fuerte, que lo mató instantáneamente, y he hizo que cayera del árbol al suelo. Toda mi clase del cuarto grado asistió al funeral. Mientras estaba yo sentado en el servicio mirando al féretro que estaba al frente de la congregación de la iglesia, me preguntaba: ¿Cómo una cosa como esa podía suceder? ¿Cómo podía mi amigo de clase estar conmigo un día y haberse ido al día siguiente?

Puedo recordar que los maestros que nos acompañaron al funeral trataron de consolarnos. Ellos hicieron declaraciones como, "Dios quería que Jackie estuviese con El" y "Dios conoce lo que es lo mejor. Esta debe ser la voluntad de Dios aunque no entendamos porqué." Pensé en mi interior: ¿entonces me estás diciendo que Dios mato a Jackie? O por lo menos, Dios quería que Jackie agarrara ese cable eléctrico, ¿por qué Dios quería que Jackie se electrocutara? ¿Me estás diciendo que todo lo que sucede es la voluntad de Dios?

Aun siendo un niño de nueve años de edad, encontré que lo que estaban diciéndome no tenía sentido. Yo pensé que Dios nos amaba y que nos cuidaba. ¿Cómo podría El ser un Dios amoroso y matar a mi amigo? Cuando crecí, escuché a un ministro echarle la culpa a Dios al explicar porque diferentes situaciones como accidentes, desastres naturales, y aun la muerte de seres queridos suceden.

"Bien, ¡Dios es soberano! Sabemos que todo esto es una parte de la voluntad de Dios."

Pero alabado sea mi Rey y Salvador, El no es quien causa o no es culpable de todo lo malo o injusto en el mundo. No todas las cosas que suceden en la vida son la voluntad de Dios. Por ejemplo, como está declarado en 2 de Pedro 3:9, " El Señor... no queriendo que ninguno perezca, sino que todos procedan al arrepentimiento." Pero aunque este versículo lo deje bien claro que Dios quiere que cada persona sea salva, no todos son salvos. Entonces, en algunos casos la voluntad de Dios no sucede.

Si la definición verdadera de la soberanía de Dios, encontramos que significa que Dios controla todo lo que sucede, entonces no habría necesidad de orar, no habría necesidad de dar ofrendas financieras, no habría necesidad de crecer en el conocimiento de las escrituras, y por último, no habría necesidad de evangelizar o enviar misioneros a otros países porque cualquier cosa que sucediere sería lo que Dios querría, a pesar de todo. Es tiempo de regresar a la Palabra de Dios y enseñar a los creyentes lo que en verdad es de Dios y lo que no es de Dios.

RECONSTRUYENDO LOS FUNDAMENTOS

El Señor te guiará siempre; te saciará en tierras resecas, y fortalecerá tus huesos. Serás como jardín bien regado, como manantial cuyas aguas no se agotan. Tu pueblo reconstruirá las ruinas antiguas y levantará los cimientos de antaño; serás llamado "reparador de muros derruidos", "restaurador de calles transitables"
—Isaías 58:11–12 NVI

SIETE

La Cura Para Una Cultura Post-Cristiana

Cada vez que una nación, que fue una nación fuertemente cristiana cae en la condición de post-cristiana, usualmente requiere de una serie de eventos o dinámicas específicas que tomen lugar para revertir esa tendencia. Estas cosas sirven como el catalizador para un movimiento precursor que ayudará a sentar la plataforma para un cambio espiritual radical en la cultura, empezando con la iglesia misma.

Por ejemplo, uno de los ingredientes necesarios para un cambio genuino en cualquier situación es el arrepentimiento - pero no en el sentido de hacer alguna penitencia. El verdadero arrepentimiento bíblico hace que las personas cambien su pensamiento, lo que les lleva a un cambio de corazón y dirección. Pero los actos de la iglesia no podrán detenerse en ese lugar en particular. Hay otras áreas en las cuales la iglesia deberá responder también.

Una evaluación de la realidad

Antes de que una persona pueda ser liberada de una situación mala, uno debe primeramente reconocer la realidad de que uno está en una mala condición. Estoy convencido de que una gran porción del cuerpo de Cristo no tiene ni idea en lo que concierne el estado de declive espiritual de la nación, incluyendo a un porcentaje significativo de los líderes de la iglesia. Una gran porción de las personas que asiste a la iglesia en los Estados Unidos ha venido a ser "cristianoides": tienen una apariencia como de cristianos pero muy poca substancia real de esa verdadera identidad bajo la superficie.

Debemos procurar que los ojos de la iglesia sean abiertos para que ésta pueda realmente ver su presente condición espiritual. En realidad, la iglesia misma ha venido a ser un nuevo "campo misionero." Muchos líderes cristianos reconocidos han empezado a hablar en lo que concierne al hecho de que ya no es solamente necesario el alcanzar al perdido en las calles.

Muchos temen que un gran porcentaje de las personas en sus iglesias no hayan verdaderamente nacido de nuevo. Pero, ¿cómo puede ser eso? Después de muchos estudios de la presente situación de la cultura de iglesia en los Estados Unidos, los investigadores cristianos Smith y Melinda Denton han hecho esta declaración en el Estudio Nacional de la Juventud y Religión (NSYR por sus siglas en inglés):

Hemos arribado a la siguiente creencia, con algo de confianza, que una significativa parte del cristianismo en los Estados Unidos es en la actualidad solamente un grupo de cristianos renuentes en muchos sentidos, que está seriamente conectada con la real tradiciones históricas cristianas. No consiste tanto en que el cristianismo en los EEUU esté siendo secularizado. Más bien, más sutilmente, el cristianismo se está degenerando a una versión patética de sí mismo o, más significativamente, el cristianismo está siendo activamente colonizado y desplazado por una fe religiosa muy diferente.

Smith y Denton son extremadamente francos al declarar que la iglesia en los Estados Unidos de forma substancial se ha transformado en un Deísmo Cristiano Moralista Terapéutico. Ellos exponen que esa nueva ideología está suplantando al cristianismo como la religión dominante en los Estados Unidos. Smith y Denton se sienten lo suficientemente convencidos sobre la conclusión que han escrito:

Una especie de Deísmo Moralista Terapéutico está activamente desplazando las creencias tradicionales conservadoras, negra, y las líneas principales del protestantismo, catolicismo, y judaísmo en los Estados Unidos. ... Esta podría ser la nueva corriente principal de la fe religiosa en los Estados Unidos para nuestra sociedad culturalmente post-cristiana, individualista, capitalista consumidora en masa.

¿Qué exactamente quieren decir con el término "Deísmo Moralista Terapéutico"? El libro *Almost Christian* (Casi Cristiano), publicado por la Oxford University Press, lista cinco creencias guía del Deísmo Moralista Terapéutico:

1. Existe un dios que creó y ordenó el mundo, él vigila nuestras vidas en la Tierra.
2. Dios quiere que la gente sea buena, amable, y justa los unos con los otros, como es enseñado por la Biblia y por la mayoría de las religiones mundiales.
3. La meta central de nuestra vida es el ser felices y que nos sintamos bien acerca de nosotros mismos.
4. Dios no se involucrará en mi vida excepto cuando necesito que Dios resuelva un problema.
5. La gente buena va al cielo cuando muere.

William Booth, el fundador de Salvation Army (Ejército de Salvación), hizo esta sorprendente y precisa predicción hace más de cien años acerca de las cosas que estamos enfrentando en nuestra cultura de iglesia hoy en día:

> El mayor peligro del siglo XX será la religión sin el Espíritu Santo, un cristianismo sin Cristo, un perdón sin arrepentimiento, una salvación sin regeneración, una política sin Dios, y un cielo sin infierno.

Una gran parte de la Iglesia Occidental ha caído en una cultura contra-iglesia. En lugar de edificar verdaderos discípulos de Cristo que estén enfocados y abracen la misión de Dios para alcanzar al mundo con las buenas noticias de Jesucristo, una gran porción de la Iglesia ha sido tomada por el "culto de lo amable." C. S. Lewis hizo una declaración la cual describe con exactitud lo que encara nuestra sociedad hoy en día. El dijo:

> Un mundo de gente amable, contenta en su propia amabilidad, sin buscar más adelante, y que se aparta de Dios, estará igualmente en una desesperada necesidad de salvación con un miserable mundo y aun podrá ser más difícil de salvar.

Rick Renner, teólogo, maestro, misionero, pastor, y conferencista internacional, ha titulado lo que está sucediendo en la iglesia en los Estados Unidos como "Nicolaitismo Moderno." Históricamente, los nicolaitas fueron los primeros cristianos paganos sincretistas, los falsos maestros que se deslizaron dentro de la Iglesia, quienes se disfrazaron de seguidores de Cristo - quienes profesaron ser Sus ministros y siervos, sin embargo llevaron a la gente por el mal camino. Renner declara:

> EL Nicolaitismo Moderno se disfraza en el atuendo de progresismo, descartando mucho de la Biblia diciendo que es muy restrictivo o excluyente de las creencias de otras personas. En lugar de ser una guía a la verdad absoluta, la Biblia es usada meramente como una referencia para ilustraciones, sermones motivacionales, ideas inspiradoras, principios para aconsejar matrimonios o negocios, etcétera, y para ellos la Biblia nunca debe ser usada para juzgar o para implicar que alguien está errado. El día de

hoy estas tendencias están tan galopantes en la iglesia que las tendencias básicas de la fe cristiana son grandemente desconocidas para muchos de los asistentes a las iglesias, especialmente para aquellos quienes son jóvenes. Las doctrinas básicas de la Biblia como el nacimiento virginal, la existencia sin pecado de Cristo, el pecado, la salvación, la santidad, el inadecuada, o simplemente Moderno, la doctrina firme es esfuerzo de apelar a las audiencias sí mismas. Así, las enseñanzas diferentes variantes de instrucción juicio eterno, son generalmente desconocidos, enseñados de forma considerados opcionales. Donde prevalece el Nicolaitismo reemplazada con ayuda social o justicia social, y en un masivas para hacer a la gente sentirse mejor bien respecto a doctrinales de la Biblia son disminuidas o reemplazadas por diluida y "políticamente correcta".

Es imperativo de que no nos engañemos a nosotros mismos en este aspecto crucial: hablando metafóricamente, la Iglesia está enfrentando un completamente un nuevo juego. La Iglesia actuando de forma usual no podrá hacer el trabajo ya que no lo está haciendo bien. Nuestra presente cultura de iglesia no solamente necesita un aviamiento de lo que actualmente tiene o de lo que actualmente es; en algunos casos, la Iglesia se encuentra en necesidad de una reforma desde sus fundamentos.

Una Nueva Infusión del Verdadero Mensaje del Evangelio

La pieza central que servirá para curar una cultura post-cristiana es una nueva infusión del verdadero mensaje del Evangelio. Jesús declara en Juan 8:31-32 estas palabras libertadoras: "Si vosotros permaneciereis en mi Palabra, seréis verdaderamente mis discípulos; y conoceréis la Verdad, y la Verdad os hará libres."

La Iglesia debe iniciar su viaje de regreso al evangelio Cristocéntrico el cual está basado en la Palabra de Dios y el cual está fundamentado en la demostración del Espíritu Santo y poder en lugar de propagar un evangelio diluido en un concepto "centrado en mi persona" el cual crea una iglesia sin poder, absorbida en sí misma la cual tiene muy poca influencia en la condición espiritual de la nación.

Debemos de llegar a la realización que el simplemente ser "amigables al que está buscando" podrá incrementar el número de traseros sentados en las sillas por un tiempo, pero esto no cambiará la cultura espiritual de la nación, al igual que esperar que otra mesa de ping pong en templo de la iglesia local va a hacer que se encienda el ministerio de los adolecentes para servir en las cosas de Dios. Solo hay una cosas que puede cambiar el corazón del hombre, y esa es la Verdad de la Palabra de Dios. Cuando instruía a su hijo espiritual, Timoteo, en donde él debería mantener el enfoque ministerial y llevar a la iglesia primitiva, el apóstol Pablo le dio estas palabras de sabiduría inspiradas por Dios en 2 Timoteo 4:2 (LBLA): " Predica la Palabra; insiste a tiempo y fuera de tiempo; redarguye, reprende, exhorta con mucha paciencia e instrucción."

Para el verdadero cristiano, la Biblia es el tribunal final para apelar todo asunto que pueda estar viviendo. La Palabra de Dios pone los estándares que todos los cristianos están comprometidos a vivir. La Palabra de Dios no caduca, ni necesita ser revisada por la sociedad para concordar con los tiempos en que se vive. ¡La Palabra de Dios es la máxima autoridad, y permanecerá para siempre! Si Dios declara que el aborto, el casamiento entre dos personas del mismo sexo, el adulterio, el orgullo, o cualquier otra cosa es incorrecta y pecaminosa, entonces no está ni estará, abierto a debate ni tampoco a votación. Ya es tiempo de que muchos cristianos y organizaciones cristianas entiendan que primeramente somos ciudadanos del Reino de Dios antes de ser ciudadanos de cualquier país. No hemos sido llamados para defender ciertos derechos de otros cuando estos mal llamados derechos van en contra de la Palabra de Dios.

Dispuestos a Tomar una Posición Impopular

La enorme tarea que se presenta ante la Iglesia no será fácil, y los líderes de las iglesias deberán hablar del presente dilema post-cristiano con extraordinaria valentía - al punto donde deberemos de poner nuestras vidas y nuestros ministerios en la línea frontal. Requerirá este tipo de compromiso y valentía porque nuestra sociedad se ha movido tan lejos de los valores tradicionales judeo-cristianos, y el cristianismo protestante ya no es la mayoría en los Estados Unidos.

Mientras muchos grupos mundanos quienes de forma implacable se han puesto de pie en contra de los valores tradicionales cristianos han salido de sus armarios, a la Iglesia a la fuerza se le ha metido al armario. Estos grupos ahora, a un nivel aterrador, dictan que partes de la Palabra de Dios se nos permite predicar en la Iglesia y que partes no podemos enseñar. Esto está siendo realizado ya sea por medio de nuestro sistema de cortes liberales o simplemente por intimidación.

No nos engañemos, acerca de esto; debemos de estar consientes de esta amenaza, la cual es real, que puede estar en el camino de aquellos quienes estén dispuestos a poner una postura pública de justicia. Para asegurarse de mantener lo políticamente correcto, nuestra sociedad presente tolerará bajo una mirada vigilante a la comunidad cristiana solamente mientras no nos levantemos por algo en particular y estemos dispuestos a permanecer sentados de forma pasiva, y mientras no confrontemos todo lo erróneo en lo espiritual, moral y ético. Pero en el momento que la comunidad cristiana decida hacer una declaración pública y se oponga al humanismo, a lo políticamente correcto, a las opiniones demoniacas a las que se nos está alimentando a fuerza por los medios, la televisión, incluso en nuestras escuelas públicas y los sistemas de universidades, debemos de prepararnos para enfrentar una embestida de furiosa de crítica y un ataque que vendrá desde múltiples direcciones.

La Iglesia debe de arribar a un lugar donde debemos ser realistas con nosotros mismos y honestos al respondernos estas preguntas: ¿Con qué estamos verdaderamente comprometidos el día de hoy? ¿Hasta qué punto estamos dispuestos a ir? Si nuestra preocupación principal es el proteger nuestra popularidad, nuestros ministerios, y cualquier confort que disfrutamos en la vida, no estaremos preparados o equipados para confrontar las fuerzas de las tinieblas que están moviendo nuestra nación a las profundidades de un estado post-cristiano.

Este no es un día para el de corazón débil. Este es un tiempo en que debemos ver la verdadera Iglesia unirse para la causa de Cristo, sin importar el costo, y reclamar nuestra nación para su Creador. Nuestros líderes cristianos deberán llegar a un punto de decisión donde ellos estén dispuestos de ponerse de pie y detener la presente tendencia de lo que es popular por la búsqueda de lo que es correcto, puro y santo.

Una Paciencia Inquebrantable

La condición espiritual presente no se desarrolló de la noche a la mañana. Recuerde, la raíz que causa que se desarrolle un estado post-cristiano en cualquier nación es la predicación de un evangelio defectuoso a través de un extenso periodo de tiempo. Esto significa que la nueva infusión del verdadero mensaje del Evangelio debe ser predicado en un extenso periodo de tiempo para poder volver a ver a una nación como una fuerte sociedad cristiana de nuevo.

La buena noticia es que nosotros podemos revertir la presente tendencia espiritual, pero esto tomará tiempo y paciencia de nuestra parte. Debemos ser inquebrantables en nuestra resolución y no llegar a desanimarnos si experimentamos algunos reveses temporales.

Un poderoso ejemplo de alguien que demostró como es el aguantar la postura en medio de la adversidad fue el Apóstol Pablo. En Efesios 6:13 (LBLA), él nos instruye con estas palabras: "... y habiéndolo hecho todo, estar firmes." Y en Gálatas 6:9 (NVI), él nos da esta promesa: "No nos cansemos de hacer el bien, porque a su debido tiempo cosecharemos si no nos damos por vencidos."

Para volver a ser una fuerte nación cristiana, necesitaremos que los líderes sirvan como ejemplo de lo que necesitamos llegar a ser. La presente generación de asistentes a la iglesia necesitan que se les eduque. Ellos son simplemente el producto de lo que se les ha sido demostrado y lo que se les ha sido inculcado. Ellos tendrán que ser convocados a una forma de vida la cual demostrará una obediencia radical a Cristo. Esto deberá ser alcanzado a través de la prédica de la Palabra de Dios que no se compromete y a través de la demostración pública de cómo viven nuestros líderes su vida personal para Cristo. Cuando esto venga a cambiar la cultura espiritual, también nos servirá para recordar nuestros antiguo principio de liderazgo: ¡no recibes lo que quieres; recibes lo que eres!

¿Qué se necesitaría para colocar el andamiaje para un cambio radical en nuestra nación?

- Un corazón arrepentido que se humilla delante de su Creador
- Una evaluación de nuestra realidad la cual creará un despertar en la Iglesia de su presente condición espiritual
- Una renovada infusión del verdadero mensaje del Evangelio el cual tiene el poder para influir y cambiar la cultura de una nación
- La voluntad de tomar una posición impopular, aun cuando nos cueste todo
- Una paciencia inquebrantable que nos da la habilidad de mantenernos de pie todo el tiempo que sea requerido

OCHO

SEÑORIO BIBLICO

Cuando una nación cristiana empieza a deslizarse de sus raíces cristianas a un estado de post- cristianismo, uno de los primeros fundamentos escriturales que se pierden y que debe ser restaurado dentro de la cultura cristiana es el Señorío bíblico. Muchas personas han sido persuadidas de caminar al frente en un servicio de su iglesia para pedirle a Jesús a que venga a ser su Salvador, cuando no tenían el entendimiento del Señorío para nada. ¡Esto es exactamente lo que me sucedió en 1976! Hasta ese día en mi vida, yo no estaba viviendo para el Señor. Después de mucha persuasión, estuve de acuerdo en asistir a una reunión de avivamiento en mi pueblo. Una iglesia local había colocado una gran carpa, también construyeron una plataforma a un extremo de la carpa, y la habían llenado con sillas. Un evangelista había sido invitado para que llegara a predicar.

Yo estaba sentado en esa carpa escuchando el mensaje acerca de Jesús, cuando empecé a sentirme inquieto. Yo no quería estar allí. (más tarde me enteré que me encontraba bajo la convicción del Espíritu Santo.) Entonces el predicador hizo el llamado al altar, el dijo: "si usted viene al frente a aceptar a Jesús como su Salvador por medio de repetir una oración, usted no irá al infierno." Yo pensé dentro de mí, yo no quiero ir al infierno. Entonces me levanté y caminé al frente y repetí su oración.

¡Pero hay un gran problema con esta historia! No escuché nada acerca del Señorío de Cristo. Cuando caminé por el pasillo, yo no tenía la intención de darle el control de mi vida a nadie. Lo único es que yo quería, es no ir al infierno. Yo había determinado que yo iba a tener el control de mi propia vida, y que iba a hacer todo lo que yo quisiera. Yo no estaba en busca de un Señorío. Estaba buscando una póliza de seguro en contra del fuego y algún sentir de descanso emocional.

Aunque mucha gente estaba emocionada viéndome caminar hacia el frente en la reunión de avivamiento, la verdad es que me fui ese día del servicio, en la misma condición espiritual de perdido con la cual había llegado. Yo no le rendí en realidad mi vida a Cristo hasta un año más tarde.

¿Cuántas veces le ha pasado la misma cosa en la vida de otras personas? Todos nosotros conocemos un gran número de personas quienes han proclamado el llegar a ser cristianos, pero nada en sus vidas en verdad cambió. Ellos todavía engañan a sus esposos o esposas. Todavía van a los lugares equivocados.

Ellos roban cosas en sus trabajos, pero se les ha dicho que ellos están bien con Dios porque ellos han dicho una oración y han llenado un formulario.

Richard Stearns presenta también la misma preocupación en su libro A Hole in Our Gospel (Un Agujero en Nuestro Evangelio). El ha escrito:

> En nuestro esfuerzo evangelístico para hacer que las buenas nuevas sean accesibles y simples para entender, se ve como que lo hemos reducido a un tipo de "seguro contra el fuego" que uno puede comprar. Entonces, cuando la póliza ya se encuentra cobrada, el pecador puede volver hacia atrás a vivir cualquier tipo de vida que estaba viviendo - de riquezas y éxito, o de pobreza y sufrimiento. En cuanto la póliza se encuentra en la gaveta, las otras cosas no importan mucho. Tenemos nuestro boleto para la próxima vida. Hay un problema real con esta perspectiva limitada del Reino de Dios; este evangelio que se está predicando no es el evangelio entero.

Rick Wood, el gerente editor de Mission Frontiers (Misiones Fronterizas), ha comentado la misma preocupación en un artículo titulado Are We Proclaiming a Defective Gospel? (¿Estamos Proclamando un Evangelio Defectuoso?) El escribe:

> ¿Estamos tratando de mercadear el evangelio a una generación de gente centrada en sí misma, quienes en verdad no entienden su desesperado estado perdido ante un Dios Santo y por eso ellos no son en realidad salvos? ¿Hay millones de "creyentes" simplemente dando empleo a Dios para hacer que sus vidas sean completas?

¿Por qué no hay un cambio real en las vidas de éstos supuestamente llamados nuevos cristianos? ¡Porque no hay un genuino, Señorío bíblico! Ellos han adquirido una forma intelectual de cristianismo la cual está muy lejos del verdadero mensaje del evangelio que predicó Jesús. Jesús dijo en Lucas 6:44, " Porque cada árbol se conoce por su fruto." Cuando la gente genuinamente le entrega su vida a Cristo, esto causará una continua y profunda transformación espiritual la cual cambia radicalmente su caminar cristiano de lo que fue en el mundo.

En tiempos recientes, muchos ministros han mencionado su preocupación de que un gran porcentaje de la iglesia pueda ser que verdaderamente no sea nacida de nuevo. Este es el resultado de la predicación de un evangelio diluido para que sea más aceptable en nuestra presente cultura de gente absorbida en sí misma. Como lo mencioné anteriormente, uno de los campos misioneros más nuevos en los Estados Unidos está en las congregaciones de las iglesias mismas.

David Platt, el pastor de la Chruch at Brook Hills en Birmingham, Alabama, hizo esta alarmante confesión en su libro *Radical*:

Como pastor, me estremezco al pensar y me deja sin dormir en la noche cuando considero la posibilidad de que una buena cantidad de personas quienes se sientan delante de mí el domingo en la mañana pueden pensar que son salvos cuando no lo son.

Para ilustrar este punto, déjeme que le relate esta historia que sucedió hace algunos meses atrás. Se me pidió que ministrara en una muy respetada, muy bien establecida iglesia un domingo por la mañana. Se considera como un verdadero honor el predicar en esa iglesia porque no muchos ministros de fuera se les da ese privilegio. Se me hizo sentir bienvenido por todo el equipo de liderazgo, y el pastor me dijo que tenía completa libertad en el servicio. Antes de que la dirección del servicio se me fuese entregada, para ministrar la Palabra de Dios, el pastor preguntó si había algún visitante que estuviese presente. Una pareja joven levantó su mano y en realidad se pusieron de pie para saludar a la congregación. Entonces supe que las doscientas personas restantes, las cuales estaban presentes eran miembros regulares en la iglesia.

Aunque sabía que estaba ministrando a un grupo de personas que habían estado en la iglesia por años, sentí profundamente que Dios quería que ministrara sobre el tema del verdadero Señorío bíblico. Al final de mi mensaje, hice este llamado al altar:

> Muchos de ustedes que están aquí esta mañana, posiblemente nunca han escuchado el mensaje sobre el Señorío de Cristo. Aunque hayan estado asistiendo a la iglesia por años, el Espíritu Santo pudo haberle revelado el hecho de que usted nunca verdaderamente ha hecho a Jesús el Señor de su vida. Puede ser que usted sea un buen miembro de la iglesia, pero realmente no ha nacido de nuevo. Posiblemente usted nunca ha entregado el control de su vida a la guianza del Señor porque usted sabe que aún está a cargo. Ahora es el

tiempo en que debe tomar la decisión de bajarse del trono de su corazón y permitir que Jesús tome Su lugar en su vida como Señor y Salvador.

Luego pregunté si había alguien que quería hacer de Jesús el Señor de su vida y ser nacido de nuevo. Para mi asombro, cincuenta y seis de las doscientas personas respondieron a la invitación, incluyendo la pareja de visitantes y uno de los ancianos de la iglesia. ¿Cuántas iglesias más, están en la misma condición espiritual como en la que estaba esta? Creo que hay más que las que queremos admitir.

Note los dos círculos. Ellos representan dos condiciones espirituales diferentes de la vida de una persona. El primero tiene a Jesús en el centro de su vida personal con todo bajo Su Señorío.

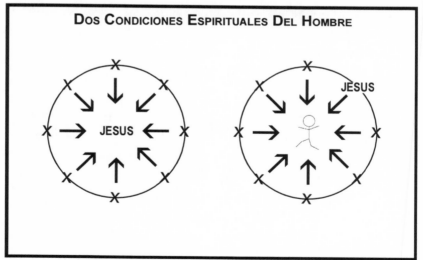

DOS CONDICIONES ESPIRITUALES DEL HOMBRE

El segundo circulo es un ejemplo común de los tipos de gente que encontramos en la Iglesia el día de hoy. La persona aún se encuentra en control de todo en su vida. Esta decisión no se hace en la revelación de su condición pecaminosa, perdida, pero más bien en la motivación de que Jesús pueda hacer su vida mejor para el y ayudarle a tener lo que el quiere. Ahí no hay Señorío real.

El Doctor Daniel Williams, plantador de iglesias y estadista misionero, ve que nuestra presente cultura de iglesia en los Estados Unidos está acribillada con una forma de politeísmo. El declara:

> Cuando estudio el paisaje espiritual de la sociedad en los Estados Unidos, ésta se ve incrementalmente como la condición espiritual del Imperio Romano en su decadencia, con un panteón de dioses a los cuales se les está sirviendo y adorando. Politeísmo es la adoración o creencia en múltiples deidades y los romanos, así como los griegos antes que ellos, fueron politeístas. Los romanos no solo se consideraban superiores en lo intelectual, militar y tecnología, sino que ellos también se consideraban espiritualmente sofisticados. De hecho, los romanos fueron personas muy religiosas y atribuían su éxito como un poderío mundial a su piedad colectiva por el hecho de mantener buenas relaciones con sus dioses.

> El politeísmo es ahora la boga aunque el ciudadano común lo niegue mientras felizmente ve el programa de American Idol. Cuando el concepto de un omnisciente, supremo Dios, es removido

del centro de la vida de un creyente, otras cosas tomarán más significado. La versión moderna de adoración de ídolos toma la forma de deportes, recreación, sexo, fama, riqueza y una plétora de muchos otros tesoros a los que se les da más valor que el que deben de tener. Cuando la espiritualidad es abrazada, ésta es colocada dentro del montón de otros endiosados intereses o necesidades. La idea de la entrega total a Dios sobre todas las cosas se ve arcano a la mente moderna. Después de todo, debemos de tener balance, ¿no es así?"

Hay un antiguo dicho, "¡Jesús es el Señor de todo, o El no es el Señor del todo!" Esa declaración presenta un punto sólido. Dios no es algo que tratamos de acomodar en nuestras vidas. ¡El es nuestra vida! Nosotros no aceptamos a Jesús como una parte de nuestra vida en caso de que tengamos necesidad de que El resuelva un problema y hasta entonces El debe de hacerse a un lado. ¡No! Este es un concepto totalmente errado del verdadero mensaje del Evangelio.

En varias ocasiones a través de los años, me he encontrado con diferentes personas que claman ser cristianos pero sus vidas demuestran algo diferente. Con la intención de justificar sus estilos de vida, ellos me han dicho, "Jerry, yo he aceptado a Jesús como mi Salvador porque repetí una oración en frente de la congregación de la iglesia hace años, y se me dijo que entonces iría al cielo. Pero Jesús no es en realidad Señor sobre mi vida. Eventualmente arribaré a ese punto." Lo que da miedo a cerca de lo que dicen es el hecho de que ellos mismos no se dan cuenta que que esa declaración no es bíblica. Hasta que una persona acepta a Jesús como el Señor de su vida, El no será su Salvador. Pero en el momento que aceptamos a Jesús como Señor de nuestras vidas, El automáticamente viene a ser nuestro Salvador.

Hay literalmente millones de personas asistiendo a la iglesia que desesperadamente necesitan considerar si en verdad ellos alguna vez, auténticamente confiaron en Cristo para su salvación. Será de mucho beneficio el tomar una profunda, y fuerte mirada a las palabras de Jesús en Mateo 7:21-23. El dice:

> No todo el que me dice: Señor, Señor, entrará en el reino de los cielos, sino el que hace la voluntad de mi Padre que está en los cielos. Muchos me dirán en aquel día: Señor, Señor, ¿no profetizamos en tu nombre, y en tu nombre echamos fuera demonios, y en tu nombre hicimos muchos milagros? Y entonces les declararé: Nunca os conocí; apartaos de mí, hacedores de maldad. (Prácticas desenfrenadas)

Al mismo tiempo, es importante que se entienda que el Señorío no es perfeccionismo. El Señorío es una condición del corazón. Esto es cuando tomamos una decisión genuina de rendirnos al Señorío de Cristo. El caminar en una vida de obediencia a Cristo es un proceso de aprendizaje. Debemos de aprender a crucificar la carne y a ser guiados por el Espíritu Santo. Es nuestro corazón obedeciendo a Cristo lo que demuestra Señorío. Esto no será na demostración de una vida cristiana perfecta, pero al menos será una demostración la cual será obvio a otros de que amamos a Dios y que queremos vivir nuestras vidas para El.

Algo que está estorbando a la gente de recibir una genuina experiencia de nacimiento es la vaga terminología en nuestra presentación del Evangelio. En una gran parte de la Iglesia, ciertos términos bíblicos que se nos fueron enseñados por Jesús, como el "nacer de nuevo" y "salvo," son ahora considerados tabú. El uso de esos términos ya no considera una práctica apropiada. Se considera que suenan muy místicos o muy definitorios. Por lo cual se han reemplazado estos términos bíblicos con dichos como "venir a Cristo" o "venir a la fe." Estoy seguro de que hay muchos ministros competentes que nos pueden dar explicación del significado bíblico, cuando usan esos términos alternativos, ¿pero está esto en realidad mejorando nuestra presentación del mensaje del Evangelio? "venga a la fe" ¿qué significa eso? Suena más como un set de disciplinas de iglesia que se nos ha pedido que mantengamos en lugar de una regeneración del espíritu humano.

Es extremadamente importante que la gente tenga un sólido entendimiento bíblico de su experiencia de salvación. Queremos estar seguros que la gente entienda que alguien no viene a ser cristiano con solo sentarse en los servicios de la iglesia, más que si alguien viene a ser un vehículo por sentarse en un garaje por largos periodos de tiempo. Me doy cuenta de que lo que estoy diciendo es extremadamente elemental, pero éstos son los tipos de cosas con las cuales estamos lidiando dado a la ignorancia bíblica la cual ahora existe en muchas de nuestras iglesias que son excesivamente sensibles con el que anda buscando.

En Juan 3:1-8, Jesús le explica a Nicodemo que de la misma manera en que en un tiempo específico nació físicamente, debe haber un momento específico también en su vida cuando el escoge el aceptar a Jesús como su Señor y Salvador. En ese momento, él será nacido del Espíritu - ¡nacido de nuevo! Este es el punto de entendimiento al cual necesitamos llevar a las personas. La membrecía de la iglesia no significa nada sin la experiencia del nuevo nacimiento.

En lo que concierne al estilo de ministerio de Jesús, éste fue directo y al punto cuando le hablaba a Nicodemo acerca de la importancia de ser nacido de nuevo. Recuerde, Nicodemo era altamente educado, entrenado en la Torá como un fariseo, y miembro del Sanedrín. Si el luchó con el concepto de ser nacido de nuevo cuando Jesús se lo explicaba a él, ¡¿Cuánto más nuestra sociedad el día de hoy necesita un mensaje de salvación directo, sólidamente bíblico?! No nos podemos dar el lujo de danzar alrededor del tema del nuevo nacimiento tratando de encontrar algún nuevo término "socialmente aceptable" cuando ministramos a las personas.

El Apóstol Pablo declara en Romanos 10: 9, "que si confesares con tu boca que Jesús es el Señor, y creyeres en tu corazón que Dios le levantó de los muertos, serás salvo."

El Señorío es el fundamento sobre el cual todo se construye en la vida cristiana.

Dios tiene un plan increíble para nuestras vidas en el cual El ha prometido guiarnos y proveer para todas nuestras necesidades - espíritu, alma y cuerpo (2 Pedro 1:3). Pero para que nosotros podamos experimentar la vida que Dio nos ha provisto a través de Su Hijo, Jesús, ¡debemos entregar nuestras vidas a El, enteras y completas - ¡y punto! ¡El es el Señor! ¡El es el dueño! ¡El es Dios! ¡El es nuestro todo en todo! De eso se trata el verdadero cristianismo.

Esto es de los que algunos se refieren como "El Gran Intercambio." Nosotros intercambiamos nuestra condición (nuestra vida) pecaminosa y perdida por Su Justicia (Su vida eterna). En Marcos 8:35, Jesús se lo explicó a sus discípulos de esta manera: "Porque todo el que quiera salvar su vida, la perderá; y todo el que pierda su vida por causa de mí y del evangelio, la salvará." El Apóstol Pablo explica como esto funcionó en su vida en Gálatas 2:20:

> Con Cristo estoy juntamente crucificado, y ya no vivo yo, mas vive Cristo en mí; y lo que ahora vivo en la carne, lo vivo en la fe del Hijo de Dios, el cual me amó y se entregó a sí mismo por mí.

Lidiando con el "Ego"

Dietrich Bonhoeffer, un teólogo alemán, escribió en su libro *The Cost of Discipleship* (El Costo del Discipulado) que el primer llamado que cada cristiano experimenta es "el llamado a abandonar las ataduras de este mundo. Cuando Cristo llama a un hombre, El le invita a venir y morir." Es el acto de morir a nosotros mismos y vivir para Cristo lo que verdaderamente nos hace libres de las ataduras del presente mundo. Cuando escogemos el vivir para nosotros mismos, estamos viviendo una imitación barata de lo que Dios en realidad quiere para nosotros. Genuina paz, gozo, aceptación, y propósito solamente puede ser encontrados y experimentados cuando nos libramos de la vida del "ego" y entregamos nuestras vidas a Cristo para Su guianza y servicio.

A través de los años, he escuchado muchas enseñanzas sobre el tema de aprender a amarse uno mismo. Usualmente esa enseñanza está basada en Mateo 22:39, donde Jesús nos instruye a amar a nuestros semejantes como a nosotros mismos. Así que mucho énfasis ha sido puesto en que tan importante es el aprender a amarnos a nosotros mismos para que así podamos también amar a nuestros semejantes. Pero yo creo que eso ha perdido el punto que Jesús estaba tratando de establecer.

Nuestro problema nunca ha sido la falta de amarnos a nosotros mismos, y jamás lo será. El ego de forma natural se ama a sí mismo. El ego quiere vivir para sí mismo. El ego quiere satisfacerse y proveer para sí mismo. ¡Y Jesús sabe eso! Es por esa razón que somos instruidos por Cristo a re-direccionar nuestra vida de nosotros hacia otros. La Escritura no nos guía en una búsqueda de aprendizaje de cómo amarnos más a nosotros mismos, sino más bien a lo opuesto. La palabra de Dios nos instruye a morir a nosotros mismos, a vencer a nuestro ego, y el ser libre del ego porque una vida enfocada en sí mismo es el problema principal. El verdadero Evangelio es un llamado a negarse a sí mismo. No es un llamado a la auto realización. A. W. Tozer declara, "Necesitamos deshacernos de cualquier búsqueda que inicie con la palabra yo."

El Señorío bíblico genuino nos catapulta en una dirección diferente la cual nos encamina en una vida increíble donde podemos aprender a ser administradores de las cosas de Dios para Su gloria. El propietario se transforma en el administrador. Cada cosa: nuestro tiempo, nuestros talentos, nuestros tesoros le pertenecen a El para ser usados en Sus propósitos. Venimos a ser los instrumentos de Dios para llevar a cabo Su voluntad en la tierra.

Al administrar las cosas que poseemos con el propósito de llevar a cabo la voluntad de Dios en la tierra, ya no podemos estar entrampados por las posesiones materiales de manera que nos hacen que pequemos o que nos apartemos de Dios. De hecho llegamos a estar calificados para administrar las bendiciones de Dios a una escala increíble. Riquezas, fama, poder, o cualquier otra cosa no puede corromper o destruir nuestro caminar cristiano porque ya no vivimos para nosotros mismos, sino más bien vivimos para Dios. Ya no deseamos correr detrás, con lujuria, de las cosas del mundo, porque hemos nacido espiritualmente a un llamamiento sublime el cual es mucho mejor que cualquier cosa que este mundo pueda ofrecer.

Cuando nos sometemos al Señorío de Jesucristo, el Espíritu Santo trabaja en nosotros para que podamos llevar a cabo la voluntad del Padre. Filipenses 2:13 declara este punto muy claramente: "porque Dios es el que en vosotros produce así el querer como el hacer, por Su Buena Voluntad."

El salmista David declara la misma cosa con estas palabras en Salmo 23:3: "Me guiará por sendas de justicia por amor de *Su* nombre." Y en el proceso, nos encaminamos a una nueva esfera de vida. Nuestras vidas no están limitadas a un esfuerzo humano, sino mas bien estamos conectados a la habilidad de Dios conforme funcionamos bajo Su guianza. Esto nos hace totalmente libres de la guianza destructiva de nuestros impulsos, deseos y motivos carnales.

Dios disfruta al usar a cristianos comunes quienes han llegado al fin de sí mismos y han escogido el confiar en Su abundante gracia y la provisión extraordinaria provista por medio de la obra redentora de Cristo. El está listo para cubrir bajo Su gracia y poder a todo aquel quien esté desesperadamente dependiente de El y radicalmente devoto a El.

En un tiempo en el cual en muchas culturas (incluyendo los Estados Unidos) la palabra "cristiano" ha perdido su significado y se ve como que todos claman el llamarse cristianos. Es crítico que nuestros líderes de iglesia prediquen el verdadero Evangelio, el cual presenta el Señorío bíblico y no una imitación barata. Al establecer

Señorío bíblico, estamos colocando el fundamento bíblico necesario para que pueda emerger una piadosa sociedad cristiana. Si fallamos en establecer esa verdad fundamental, la plataforma está puesta para la ampliación de los efectos del desarrollo de una falsa cultura cristiana.

NUEVE

Cristianismo Del Reino

Uno de los fundamentos bíblicos que debe ser re-establecido cuando estamos tratando con un estado post-cristiano es lo que se le llama "cristianismo del Reino." Esta verdad fundamental se pierde cuando la iglesia presenta un evangelio el cual ha sido reducido a una transacción marcada por el simple decir una oración y llenar una tarjeta en algún desayuno de oración o un llamado de altar en el cual podremos registrar una decisión por Cristo. El nuevo convertido es dejado solamente con la satisfacción de que él ha obtenido su boleto al cielo, pero él no tiene en realidad un entendimiento real de su posición o propósito dentro del Reino de Dios.

Para que la Iglesia pueda recuperar su rol espiritual en el cambio de una cultura post-cristiana a una poderosa sociedad cristiana, debemos de volver a predicar el mismo evangelio el cual Jesús predicaba: el Evangelio del Reino de Dios.

Steve Smith, ejecutivo en misiones y plantador de iglesias desde hace mucho tiempo, sostiene que la Iglesia en los Estados Unidos verdaderamente nunca estará en búsqueda del objetivo hasta que posea la perspectiva correcta en lo que concierne al Reino de Dios. En un artículo titulado "Getting Kingdom Rigth to Get Church Right," (Entendiendo Correctamente el Reino para Tener la Iglesia Correctamente), él hace esta declaración:

> Jesús estaba estableciendo un Reino tan radical en su naturaleza, que nosotros debemos de alinear nuestro concepto de qué es lo que Dios quiere hacer en nosotros y a través de nosotros, especialmente en cómo El lo hará. Esto incluye cómo vivimos como iglesia ... Los discípulos a través de la historia han hecho su prioridad el hacer explotar el Reino entre la población perdida. Ellos frecuentemente han visto iglesias multiplicarse rápidamente, generación tras generación a través de nuevos creyentes. Desafortunadamente, cuando las iglesias llegan a establecerse, surge una tendencia a consolidar esfuerzos y enfocarse más en el desarrollo de la iglesia en lugar de la expansión del Reino. ¿Cuál es la prioridad correcta? ¿Primero el Reino o primero la Iglesia? Ambos son importantes, pero para que la Iglesia este en lo correcto, el Reino debe estar correcto.

El mensaje en la Biblia es primeramente acerca de la redención de la humanidad a través de la expansión del Reino de Dios en la tierra. Siendo la Iglesia el instrumento principal para llevar a cabo esto. Pero el verdadero concepto de Reino se ha perdido, particularmente en otros conceptos de gobierno con los cuales estamos más familiarizados. La gente tiene una mentalidad de democracia en lugar de una mentalidad de Reino.

Esa es una de las razones por la cual mucha gente dice ser cristiana, y no ve nada erróneo con que se autoricen leyes la cuales legalizan acciones que van en contra de las Escrituras, como el aborto o el matrimonio entre personas del mismo sexo. Aun cuando ellos dicen que éstas acciones van en contra de sus convicciones personales, creen que nosotros debemos permitirlas por respeto a las convicciones de otros. Por lo que al final ellos sostienen, y votan en elecciones, por cosas las cuales ellos claman que va en contra de sus creencias cristianas personales. ¿Cómo puede una alarmante porción de la iglesia, especialmente la generación joven, haber terminado pensando de esta manera? Este es el resultado que se da cuando los cristianos tienen una mentalidad democrática en lugar de una perspectiva de Reino.

Francis J. Pratt del US Center of World Mission (Centro EEUU de Misión Mundial) se dirige a este tema al dar una explicación de como los cristianos han sido "culturizados" en lugar de ser una fuerza que impacta dentro de la cultura. El explica:

> El problema más significativo para la iglesia se origina al estar extraviados dentro de las culturas del mundo. El efecto neto cuando atribuimos

nuestros valores culturales y nuestras creencias a Dios y, en esencia, reinventamos a Dios en nuestra propia imagen. Este proceso ha cambiado nuestra lectura de la Biblia, nuestro entendimiento del Evangelio y la percepción de nuestro lugar en el mundo como la iglesia y nuestras obligaciones como hijos de Dios.

Necesitamos desesperadamente re-establecer la cultura de Reino en la Iglesia. Las buenas noticias que Jesús proclamo tiene su plenitud más allá de la salvación y el perdón de pecados; también significa la venida del Reino de Dios a la Tierra. Este nuevo reino volteará al presente orden mundial existente y lo pondrá de cabeza.

En el libro *Rediscovering the Kingdom* (Redescubriendo el Reino), Myles Monroe hace esta declaración:

El concepto de reino nació en el corazón del hombre, puesto ahí por su Creador como el propósito por el cual el fue creado. A pesar del hecho que se han visto muchos tipos de reinos a lo largo de la historia, hay ciertas características comunes en todos ellos. El Reino de Dios, de acuerdo a Jesús, también posee esos componentes. Acá hay algunos que usted deberá conocer para poder comprender como funciona el Reino:

Todos los reinos tienen:

- Un Rey y Señor — un soberano
- Un territorio — un dominio

- Una constitución — un pacto real
- Una ciudadanía — comunidad de súbditos
- Una ley — principios aceptables
- Privilegios — derechos y beneficios
- Un Código de Ética — estilo de vida y conducta aceptable
- Un ejército — seguridad
- Una mancomunidad — seguridad económica
- Una cultura social — protocolos y procesos

Como cristianos, debemos entender que somos ciudadanos del Reino de Dios - ¡primero! Y al serlo, nos sometemos a la autoridad, dominio, y a todos los preceptos (como se han listado anteriormente) de ese reino, los cuales han sido puestos para nuestro beneficio en la Palabra de Dios.

Todo el ministerio de Jesús se enfocó en el iniciar del Reino de Dios. El usó la palabra "reino" muchas veces mientras que usó la palabra "iglesia" solamente dos veces. La motivación que guiaba la vida de Jesús no fue la de llevarnos al cielo. La pasión de Jesús fue el de establecer el Reino de Su Padre en la Tierra, en los corazones de las personas.

En Marcos 1:14-15, encontramos el relato de cuando Jesús inició Su ministerio público. El fue bien claro en lo concerniente a qué mensaje del Evangelio El vino a entregar:

Después que Juan fue encarcelado, Jesús vino a Galilea predicando el E<small>VANGELO</small> D<small>EL</small> R<small>EINO</small> D<small>E</small> D<small>IOS</small>, diciendo: El tiempo se ha cumplido, y el reino de Dios se ha acercado; arrepentíos, y creed en el evangelio.

Jesús predicó el Evangelio del Reino de Dios, y ese es el único evangelio que El siempre proclamó en todo escenario público. Entonces en lo que a nosotros concierne como verdaderos seguidores de Cristo, el Evangelio del Reino de Dios es el único mensaje del Evangelio. Jesús proclamó las buenas nuevas de que el Reino de Dios había venido a la Tierra. No era un evangelio social para estimular el intelecto o para hacer que la gente se sintiera mejor de sí misma en sus vida absorbidas en sí mismos. El mensaje de Jesús eran las buenas noticias de que el Reino de Dios había venido sobre la Tierra, y que cualquiera que viniese a El, sería reunido en el espíritu y en comunión con El y ser restaurado a su completa posición y derechos como hijos de Dios y ciudadanos de Su Reino.

Jesús inició su ministerio en esta tierra declarando ¡E<small>L</small> R<small>EINO</small> D<small>E</small> D<small>IOS</small> H<small>A</small> L<small>LEGADO</small>! El estaba anunciando que el Reino de los cielos había invadido en ese momento la Tierra y que El representa ese reino.

Pero Jesús también se dio cuenta que la gente tenía un concepto errado en lo que tenía que ver con el Reino de Dios. Esa fue la razón por la que Jesús le dijo a la gente que ellos necesitaban "arrepentirse" como parte de su anuncio sobre el Reino. ¿Qué es lo que quiso decir con "arrepentirse"? En este contexto en particular, Jesús no le estaba hablando a las personas acerca de la confesión de sus pecados. Debemos entender que Jesús estaba hablando ante todo a personas judías. ¿Qué es lo que la gente judía creía? Ellos estaban bajo el gobierno opresivo del Imperio Romano. ¡Los judíos odiaban eso! Y creían que un Mesías había de venir, quien rompería el poder del Imperio Romano que estaba sobre el pueblo judío. Entonces, su Mesías establecería un reino terrenal y el pueblo judío reinaría con El.

Por eso es que Jesús les dijo que se tenían que arrepentir. ¿Qué es lo que la palabra *arrepentirse* significa? Significa el cambiar tu mente. Jesús les dijo que la forma en que ellos estaban pensando a cerca del Reino de Dios estaba equivocada. EL no vino para establecer un reino terrenal con fronteras territoriales y propiedades, más bien el reino el cual El vino a establecer era un reino espiritual el cual sería establecido en los corazones de hombres y mujeres. Por eso es que Jesús declara en Lucas 17:21 que "el reino de Dios está entre vosotros."

En Mateo 11:12, Jesús habla a cerca de la batalla la cual está conectada con el avance de Su Reino. La versión Reina Valera lo declara de ésta manera: "Desde los días de Juan el Bautista hasta ahora, el reino de los cielos sufre violencia, y los violentos lo arrebatan." De este versículo, reconocemos que el Reino de Dios está avanzando en la tierra, pero Jesús de inmediato nos hace ver que eso no sucede sin lucha; una lucha espiritual. El momento en que aceptamos a Jesús como Señor de nuestras vidas, estamos automáticamente enlistados en el ejército de Dios. Cada cristiano que ha nacido de nuevo es llamado a la guerra, pero no una guerra contra personas. Mas bien, Efesios 6:12 dice que hemos sido llamados a luchar en contra de principados, contra potestades, contra los gobernadores de las tinieblas de este mundo, y contra las huestes espirituales de maldad en regiones celestiales.

En la atmósfera del espíritu, hay dos reinos. Uno es el Reino de Dios el cual tiene a Jesús como su Rey. Y el segundo es el reino de las tinieblas. Satanás gobierna sobre ese reino. Estos dos reinos están en guerra por las almas de las personas. En Mateo 11:12 en la Nueva Versión Internacional, recibimos más revelación a cerca de como el Reino debe avanzar. Jesús dijo, "Desde los días de Juan el Bautista hasta ahora, el reino de los cielos ha venido avanzando contra viento y marea, y los que se esfuerzan logran aferrarse a él." En este versículo, Jesús no solamente está declarando que el Reino de Dios está avanzando en la tierra, pero también El declara que El tiene un reino de personas por medio de las cuales el Reino se encuentra avanzando.

¡Nosotros somos esas personas! Como seguidor de Cristo, usted no solamente es un cristiano. Usted es un cristiano del Reino quien es no solamente parte del Reino pero es el instrumento de Dios el cual es llamado y ungido para hacer retroceder a las tinieblas y traer la expansión de las buenas nuevas del Reino de Dios a lo largo de todo el mundo.

En Mateo 24:14, vemos el proceso del Evangelio del Reino de Dios avanzando por todo el mundo como su meta suprema. Jesús dijo: " Y será predicado este evangelio del reino n todo el mundo, para testimonio a todas las naciones; y entonces vendrá el fin."

Jesús establece el increíble, pero simple criterio, por lo que tomaría para nosotros el abrigar nuestro rol en el avance de Su reino en la tierra. La estipulación básica es que nosotros prediquemos el verdadero Evangelio a cada tribu, lengua, pueblo, y nación. Y ese mensaje del evangelio es el ¡Evangelio Del Reino De Dios! El no dijo el evangelio de la salvación, ni dijo algún evangelio diluido socialmente aceptable. ¡El declaró que sería solamente el Evangelio real! Cuando hagamos esto, entonces el fin vendrá. Si la Iglesia pudiese en verdad comprender esto, ¿por qué no los cristianos quisiesen tomar un rol importante para ver que esto se lleve a cabo?

Después de que los discípulos habían pasado tiempo observando la vida de oración de Jesús en Lucas 11:1, ellos se dieron cuenta de que El se comunicaba con el Padre de una manera en la cual ellos nunca habían visto o experimentado. Ellos reconocieron que ésta era una forma especial de conexión divina la que Jesús tenía con el Padre y ellos deseaban tenerla también. Entonces los discípulos le pidieron a Jesús que les enseñase a orar de la misma manera. Ahí es donde Jesús les da lo que nosotros llamamos el día de hoy la Oración del Padre Nuestro, la cual también está registrada en el sexto capítulo de Mateo.

Dentro de la oración del Padre Nuestro, nosotros podemos extraer muchos principios importantes los cuales podemos aplicar en nuestra vida de oración.

Pero cuando se trata de orar por la voluntad de Dios, Jesús les enseñó a los discípulos a orar que el Reino venga a la tierra para que la voluntad de Dios se haga acá como se hace en el cielo. En otras palabras, Jesús nos enseñó que nuestra vida de oración debe enfocarse en el avance de Su Reino.

En Mateo 6:33, solo algunos versos después de ser grabado el Padre Nuestro, Jesús nos enseña una gran clave en cómo hacer que nuestras necesidades materiales sean cubiertas. El dijo: "Pero buscad primeramente el reino de Dios, y su justicia; y todas estas cosas se os serán añadidas." Jesús nos exhorta a no enredarnos en las cosas de esta vida, pero que pongamos *primero* el Reino de Dios y todas las demás cosas se nos serán añadidas. Esa es la razón por la cual muchos cristianos batallan tanto en el área de las finanzas. Ellos están viviendo Mateo 6:33 de la manera equivocada y no de la forma en que Jesús enseñó; Ellos pierden todo su tiempo y energías lidiando con "todas estas cosas." Y si a ellos les queda algún tiempo, energía, o recursos de sobra, entonces posiblemente considerarían hacer algo por el Reino. Este es el tiempo en que debemos poner al Reino en el lugar correcto, y entonces el resto de las cosas en nuestras vidas comenzaran a colocarse en los lugares correctos.

Como cristianos, debemos vernos como el pueblo de Dios con un destino divino el cual debemos cumplir mientras estamos en esta tierra. ¡Somos un pueblo con propósito! ¡Somos gente con una misión de parte de Dios! Esto debe sonar como que le estoy sermoneando o como que es algo elemental, pero la verdad es que los miembros de nuestras iglesias están fuera de curso en lo que concierne al plan de Dios y lo que El tiene para ellos en el Reino. Ellos se encuentran enredados en los asuntos de esta vida, así como está la gente en el mundo. Esa es la razón por la cual los cristianos deben ser enseñados a ver todo desde la perspectiva del Reino.

Los cristianos del Reino viven sus vidas enfocadas en dos cosas: (1) adorando al Rey del Reino y (2) expandiendo sobre la tierra el Reino del Rey. Si soy pastor, no agotaré mis esfuerzos construyendo mi ministerio. Derramaré mi vida en la edificación de discípulos para Cristo, quienes posean un enfoque de Reino. Si soy un hombre de negocios, daré lo mejor de mí para ser exitoso en los negocios para que entonces pueda usar esos beneficios y ayudar a perpetuar el Reino de Dios sobre la tierra. ¡Nuestro tiempo en la Tierra es para hacer avanzar el Reino!

Cuando lo agente se apodera de la perspectiva de Reino para sus vidas, cambia totalmente la forma en que piensan acerca de todas las cosas. Como ejemplo, les puedo relatar algo que me sucedió mientras me encontraba ministrando en las Filipinas a un pequeño grupo de empresarios. Cuando terminé de predicar, una señora se me acercó y me dijo que después de escuchar lo que yo había dicho ella se había dado cuenta que estaba viendo la vida cristiana de una manera totalmente equivocada. Ella continuó diciendo que era una mujer de negocios muy exitosa y que era propietaria de dos restaurantes. Ya que ahora tenía mucho dinero para vivir una vida cómodo y placentera, ella había planeado simplemente acomodarse, disfrutar la vida, y vivir de lo que había edificado.

¡Pero esa mañana, esta mujer de negocios abrazó el Evangelio del Reino! Ella literalmente me dijo: "¿Qué estoy pensando? No me puedo quedar sentada y simplemente acomodarme solo porque puedo hacerlo. Dios me ha dado la habilidad de crear negocios. Y ahora sé porqué. Es para ayudar a que avance Su Reino. Tengo la habilidad de hacer más - mucho más - pero no tenía la razón para la cual usar mis habilidades, para hacer más. ¡Ahora la tengo! Voy a iniciar seis restaurantes más, entonces tendré la habilidad para dar más a la obra de Dios y hacer mi parte para que Su Reino avance en la tierra."

¡Qué poderoso testimonio! ¿Qué pasaría si cada cristiano tomará esa misma revelación como lo hizo esta mujer de negocios filipina en lo que respecta al Reino de Dios? ¡Revolucionaría y revitalizaría la Iglesia!

En Mateo 6:19-20, Jesús mostró que no tiene sentido el pasar nuestras vidas acumulando cosas solo para poder vivir una vida más cómoda, como si ese fuese el propósito de nuestra existencia en la tierra. El dice:

No os hagáis tesoros en la tierra, donde la polilla y el orín corrompen, y donde ladrones minan y hurtan; sino haceos tesoros en el cielo, donde ni la polilla ni el orín corrompen, y donde ladrones no minan ni hurtan.

Otro asunto dentro de la iglesia, es que hemos sido atrapados en la predicación de un evangelio el cual el Señor nunca nos pidió que predicáramos. En lugar de estar predicando el Evangelio del Reino de Dios, hemos enfocado la mayoría de nuestros esfuerzos en la predicación del evangelio de la salvación. Predicamos Su muerte en la cruz por nuestros pecados y Su resurrección como la garantía de nuestra vida eterna. Todo esto es cierto, y definitivamente son buenas noticias pero no es el completo evangelio el cual Cristo nos pidió que predicásemos. Muchos en la iglesia han descubierto al Rey, pero no tienen ni una pista acerca del Reino que El trajo a la humanidad. ¡Debemos hacer que esa realidad cambie!

Hay una gran diferencia entre predicar el evangelio de salvación y el Evangelio del Reino de Dios. El evangelio de salvación es glorioso, pero es solamente una parte del Evangelio del Reino. El evangelio de salvación se enfoca en ir al cielo. El Evangelio del Reino está enfocado en traer el cielo a la tierra. Debemos de dejar de confundir nuestro destino con nuestra misión.

Cuando el entendimiento de una persona acerca del Evangelio está limitado únicamente a la salvación y su enfoque total es el llegar al cielo, el mandato de la Gran

Comisión se ha perdido en el proceso. Y en ese punto, los cristianos simplemente se enfocan en sus vidas, en el ser buenos proveedores para sus familias y el ser buenos miembros en sus iglesias y en sus comunidades. Es triste y debilitante el pensar que un gran porcentaje de la Iglesia no ha experimentado las realidades del Reino de Dios, mucho menos el comprometerse con la proclamación de su mensaje.

La Mayor Amenaza al Reino de Dios

En realidad, la más grande amenaza al avance del Reino de Dios no son las personas que han sido guiadas mal por el mundo o por el diablo. Son los cristianos mismos enredándose en simplemente vivir por vivir. Cuando una sociedad cristiana empieza a resbalarse de sus raíces cristianas, como lo hemos visto en los Estados Unidos, no es porque los cristianos sean moralmente corruptos, pero más bien es porque ellos simplemente están desenganchados espiritualmente de lo que Dios les llamó a ser. La vida lo toma todo, y su caminar cristiano viene a ser solamente una disciplina moral en un contexto secular en lugar de un destino a alcanzar durante su tiempo en la tierra.

El Apóstol Pablo le comunicó a Timoteo, qué son los "asuntos de esta vida" los más grandes peligros para la iglesia. La gente de la Iglesia termina adaptándose a las formas comunes del mundo y pone sus metas basándose en cierto nivel de preservación de vida en lugar de reconocer su rol en el Reino de Dios. En 2 Timoteo 2:4 (LBLA), Pablo nos da estas instrucciones: " Ningún soldado en servicio activo se enreda en los negocios de la vida diaria, a fin de poder agradar al que lo reclutó como soldado."

Esta escritura presenta una increíble fotografía, relacionándonos a nosotros como creyentes en el Reino. Somos el ejército de Dios.

Nosotros representamos el Reino de Dios en la Tierra. Hemos recibido nuestras órdenes de marchar de nuestro Comandante en Jefe, el Señor Jesucristo. ¡Tenemos una misión! Cuando sabemos eso, es crítico que no permitamos que los asuntos o circunstancias de la vida nos detengan de llevar a cabo nuestro mandato de la Gran Comisión.

DIEZ

ENFOQUE EN LA GRAN COMISION

Un tema en la Biblia el cual Jesús considera muy importante y habló de este más que de otro tema, es el asunto de la mayordomía cristiana. Muchas veces fallamos en no tener el aprecio debido a este asunto. La mayordomía bíblica va mas allá del hacer que los miembros de la iglesia depositen dinero en las arcas de la ofrenda cada domingo. Tiene que ver con tener el sentido de pertenencia del porque Dios nos tiene acá en la Tierra. El llevar a cabo el mandato de la Gran Comisión de Cristo define nuestra mayordomía.

Antes de que Jesús ascendiera a los cielos en el capítulo veintiocho de Mateo (NVI), El reafirmó la misión que tenía para la iglesia una vez más con estas palabras:

> Por tanto, vayan y hagan discípulos de todas las naciones, bautizándolos en el nombre del Padre y del Hijo y del Espíritu Santo, enseñándoles a

obedecer todo lo que les he mandado a ustedes. Y les aseguro que estaré con ustedes siempre, hasta el fin del mundo.

A través de la historia de la Iglesia, se ha hecho referencia a este mandamiento de Cristo como la Gran Comisión. Pero aunque está en términos claros y simples ¿Qué es lo que en realidad significa para el cristiano común? En su más simple forma, la Gran Comisión es un mandamiento a la Iglesia (cada creyente) de Cristo para ir y hacer discípulos en cada nación (etnos - grupo de personas).

La Gran Comisión es nuestra *misión* de parte de Dios. Esa es la razón por la cual estamos todavía en la tierra después de que Cristo viniese a nuestro corazón. Las Misiones son una respuesta directa de la Iglesia de cómo llevar a cabo ese mandamiento. Las misiones no son un simple programa en la Iglesia. ¡Estas son el propósito de la Iglesia! Dios ha levantado las congregaciones locales para ser Sus instrumentos para equipar al cuerpo, para que el cuerpo pueda llevar a cabo Su plan ministerial mundial. La iglesia local es la fuerza que guía y es la fuerza que envía, apoyando todo esfuerzo misionero y es el semillero para todos los futuros misioneros.

Jesús nos dio el mandamiento de ir. El nos ha creado a cada uno de nosotros para llevar el Evangelio a los confines de la tierra, y todo lo que sea menor a un compromiso ferviente con este propósito es anti- bíblico. Es por esa razón que el doctor David Shibley hace esta declaración en su libro *A Force in the Earth* (Una Fuerza en la Tierra): "Cada iglesia que no está vitalmente involucrada en las misiones pierde su derecho bíblico de existir."

Aunque lo que el Dr. Shibley dice es bíblicamente correcto, éstas son palabras fuertes. Pero también pueden ser palabras que edifican la fe en pastores y congregaciones. Si su iglesia está vitalmente involucrada en misiones, entonces su iglesia tiene el derecho bíblico de existir, y no solamente de existir, sino también de llevar a cabo su destino sobre la tierra. ¡Ustedes son un pueblo con una *misión* de Dios!

Eliminando la Confusión

Las misiones son uno de los temas más incomprendido en la Iglesia el día de hoy. La mayoría de los cristianos no se ha dado cuenta que fueron llamados a las misiones. Parte de la confusión ha sido a causa de la falta de una buena terminología. Estoy convencido que demasiados predicadores usa una cantidad de términos cristianos en sus sermones de forma regular, pensando que las personas en la congregación entienden correctamente lo que ellos tratan de decir, cuando en realidad no es así.

Una vez, cuando estaba ayudando a una iglesia local con su desarrollo del programa de misiones, me reuní con cinco personas que servían en el comité de misiones. La primera cosas que les hice ver fue la necesidad de tener una clara definición de los términos que ellos estaban usando para desarrollar el plan escrito, para el programa de misiones de su iglesia. Para ilustrar lo que quería decir, le pregunté a cada uno de los cinco de forma individual que me dieran su definición de la palabra misiones sin que los otros escucharan o vieran su respuesta. Cuando terminé de copilar sus definiciones, teníamos cinco respuestas diferentes. Recibí cinco definiciones diferentes de misiones de las personas quienes servían juntas en el comité de *misiones*. ¿Entonces qué comprensión piensa usted que tenia la congregación de la iglesia sobre el tema?

Acá hay algunos términos básicos que cada creyente debe entender. Usted se dará cuenta rápidamente de que todas estas palabras se derivan de la palabra *misión*.

Gran Comisión:	Este es el mandamiento que Cristo le dio a la Iglesia para que cumpliese. Por eso es que le llamamos la "Gran Comisión." Esta es muestra misión dada por Dios de hacer discípulos en cada etnia.
Misiones:	Estas son todas las actividades del cuerpo de Cristo, que ayundan a completar la misión. Cada creyente está llamado a ayudar para llevar a cabo estas actividades misioneras.
Misionero:	Está relacionado con todos aquellos que son edificados y enviados por la iglesia para el avance del Reino de Dios cros-culturalmente, más allá de su Jerusalén.

La palabra *misionero* es usada de diferentes maneras en nuestros círculos de iglesia el día de hoy. Algunos cristianos argumentan que todos somos misioneros. Un viejo dicho dice que "cada uno es un misionero o es un campo misionero." Entiendo el punto detrás de esa afirmación, pero la afirmación misma aún causa confusión cuando tiene que ver con misiones y el llevar a cabo la Gran Comisión. Cuando la gente dice que todos somos misioneros, ellos normalmente basan esa conclusión en el hecho de que todo el mundo es un campo misionero, y que todos hemos sido llamados a ayudar a alcanzarlo con las buenas nuevas. Pero hay una gran diferencia con el ser misionero y ser alguien que evangeliza a su vecindario. Al darle a la palabra misionero tan amplio significado, nos deja sin término bíblico para aquellos que son llamados y enviados a ministrar cros-culturalmente en otro país, entre diferentes grupos de personas quienes necesitan ser alcanzados.

¿De dónde proviene la palabra *misionero*? No es una palabra hebrea ni una palabra griega. De hecho viene de la palabra latina *missio*, lo que significa "un enviado." E históricamente, se refiere a uno quien es enviado cros-culturalmente a tierras y personas foráneas. Fundamentalmente todo cristiano está llamado a las misiones, pero no cada uno está llamado a ser un misionero cros-cultural en otro país.

Cada Creyente ha sido Llamado a las Misiones

Cada creyente ha sido llamado a ser cristiano de la Gran Comisión. Lo que significa que cada cristiano está llamado las misiones. Para ilustrar este punto, veamos 2 Corintios 5:17-20:

> De modo que si alguno está en Cristo, NUEVA CRIATURA es; las cosas viejas pasaron; he aquí todas son hechas nuevas. Y todo esto proviene de Dios, quien nos reconcilió consigo mismo por Cristo, y nos dio el MINISTERIO DE LA RECONCILIACION; que Dios estaba en Cristo reconciliando consigo al mundo, no tomándoles en cuenta a los hombres sus pecados, y nos encargó a nosotros la PALABRA DE LA RECONCILIACION. Así que, somos embajadores en nombre de Cristo, como si Dios rogase por medio de nosotros; os rogamos en nombre de Cristo: Reconciliaos con Dios.

De lo que los cristianos deberían ser re-enseñados por la Iglesia es que en el momento en que aceptamos a Cristo, todas las cosas las cuales leímos en los versos anteriores se hacen realidad, ¡inmediatamente! Veamos a cada uno de los versículos de forma individual y veamos qué es lo que en realidad sucede.

En el versículo 17, cuando usted acepta a Jesús como Señor de su vida, la regeneración toma lugar en su espíritu y usted nace de nuevo. Usted es hecho una nueva creatura en Cristo. Todos los pecados de su pasado son removidos, y usted es aceptado en el amado como el hijo redimido de Dios. Los cristianos generalmente tienen un nivel de entendimiento en lo que concierne al nuevo nacimiento, como lo presenta el verso 17, pero eso es usualmente a lo único que llega su comprensión. Pero en el momento en que alguien recibe a Cristo, el verso 18 también entra en efecto.

En el versículo 18, Dios le llama a usted al ministerio, no después de que usted haya sido miembro de la iglesia por diez años, no después de haberse graduado de la escuela bíblica, sino de inmediato. Dios le llama al ministerio de la reconciliación. Esto significa que cada creyente tiene el llamado divino de Dios para ayudar a reconciliar a este mundo perdido con su Creador. ¡Esta es una referencia directa a la Gran Comisión! Las misiones no son un llamado especial para algunos pocos. Las misiones son un llamado para cada creyente nacido de nuevo en Cristo.

Cuando aceptamos a Jesús como el Señor de nuestras vidas, somos hechos nuevas criaturas en Cristo e inmediatamente somos llamadas al ministerio de la Gran Comisión. Somos divinamente llamados a ser cristianos del Reino y funcionar en la tierra como instrumentos de Dios para el avance de Su Reino hasta que Dios tenga representación (adoradores) de cada grupo étnico de toda la tierra. ¡Ese es su llamado! ¡Esa es la Gran Comisión! Pero eso todavía no es todo lo que sucede cuando acepta a Cristo. El versículo 19 también entra en efecto.

En el versículo 19, el momento en que usted acepta a Cristo, Dios le ha comprometido a usted con la "Palabra de

Reconciliación." ¡Este es el mensaje del Evangelio del Reino por el cual el mundo espera! Y Dios cuenta con su ayuda para entregarles la Palabra a ellos. La palabra *comprometido* en el griego significa tener confianza, confiable. Dios confía en que usted no se enrede con su propio ego o en los asuntos de esta vida, sino que más bien permanezca fiel y enfocado en la tarea número uno (misión) que El le dio. Por eso es que la llamamos la "*Gran* Comisión."

Cuando comprendemos lo que en realidad tomó lugar cuando nacimos de nuevo, al examinar 2 Corintios 5:17-19, obtenemos un profundo aprecio por el versículo 20.

El versículo 20 inicia con estas dos palabras: "Así que." Ahora que usted sabe que es una nueva creación en Cristo llamado al ministerio de la Gran Comisión y que es un instrumento de Dios para llevar el mensaje del Reino de Dios a toda la humanidad, usted de repente se da cuenta que en realidad es un embajador de Cristo. Usted es un representante de Dios sobre la Tierra, asignado y ungido para llevar a cabo Su mandato de la Gran Comisión. La verdadera definición de un embajador es el de ser un oficial de alto rango representando una nación delante de otra. Nosotros somos los representantes divinos de Dios representando el Reino de los cielo en la Tierra.

Pero la tragedia en lo que tiene que ver con todo lo relacionado con nuestra presente cultura de iglesia, es el hecho de que la mayoría de los cristianos no tiene el entendimiento de su llamado personal a las misiones. Esto deja un gran vacío en su identidad cristiana. Esta debería ser la enseñanza inicial en el cristianismo. Lo que sucede en el momento del nuevo nacimiento debería ser enseñado en cada Clase para Nuevos Creyentes. Pero por alguna razón esto no está sucediendo.

Hace algunos años, fui el maestro invitado en uno de las más reconocidas y respetadas Escuelas Bíblicas de los Estados Unidos. Una mañana, tuve el privilegio de enseñar en unos de los devocionales para los estudiantes, con todo el cuerpo estudiantil presente. Unos minutos antes de que el servicio devocional iniciara, entre al auditorio por una de las entradas laterales. Inmediatamente, uno de los estudiantes muy animado se me acercó y me preguntó, "¿Es usted Jerry Williamson?" Sorprendido, le respondí, "Bueno, sí soy yo." Conforme hablábamos, el me informó que teníamos un amigo mutuo el cual le había animado a venir a conocerme cuando me encontraba de visita en la escuela bíblica, y él apreciaba mucho la oportunidad de poder conocerme.

El estudiante me preguntó, muy animado, "¿De qué tema estará hablando esta mañana?" Le dije que estaría hablando sobre misiones. Pude ver como su nivel de estado de ánimo bajó de inmediato, aunque él trataba lo mejor que podía de no mostrarlo. Hablamos por un par de minutos más, y luego este estudiante me dijo: "Hermano Jerry, estoy seguro de que lo que va a decir será de bendición, pero eso particularmente no se relaciona conmigo. No estoy llamado a las misiones." Simplemente le sonreí mientras pensaba dentro de mí, usted no hará esa aseveración nunca más después de escuchar la enseñanza de esta mañana.

Quiero que se dé cuenta de que este era un estudiante del tercer año en la escuela bíblica quien se graduaría en las próximas dos semanas. Y la verdad es que él no conocía, en realidad, quién era en Cristo. El es simplemente un producto de nuestra presente cultura de iglesia, la cual le ha dado a él la impresión de que las misiones son un llamado especial para algunos pocos. Ese es el resultado de no haber sido enseñado adecuadamente a cerca del Reino de Dios y del mandamiento de Cristo de la Gran Comisión. He oído de estudiantes de seminarios quienes se han graduado con un título después de cuatro años de estudios y nunca han recibido un curso sobre misiones.

Aquí hay una simple demostración, la cual presenta la condición y dilema que tenemos con la mayoría de cristianos en nuestras iglesias el día de hoy. Usaré esta frase que consiste de *tres* partes para ayudar a establecer el punto.

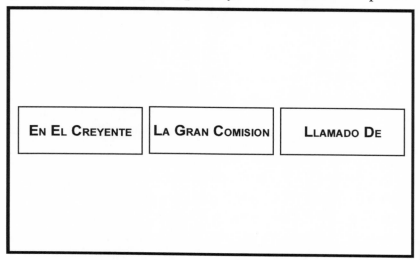

Dado a la falta de entendimiento en el cuerpo de Cristo en lo que concierne a nuestra verdadera identidad en Cristo, hemos convertido la Gran Comisión en un llamado especial para solamente algunos pocos dentro del cuerpo de Cristo. La iglesia ha arrancado el centro de la Gran Comisión de las tres palabras como las he desplegado y la ha puesto a un lado. Al hacer esto, terminamos con una gráfica la cual se ve como algo así.

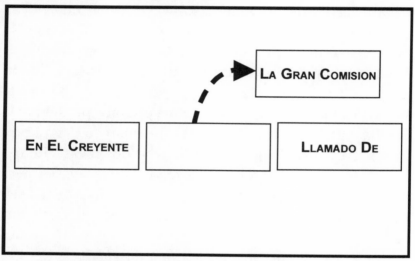

Al quitar la Gran Comisión y hacerle un elevado y especial llamado solo para algunos selectos individuos en el cuerpo de Cristo los cuales llegan a ser misioneros, literalmente desconectamos al creyente del propósito principal para lo cual Dios los tiene acá en la tierra. Y ésta es la gráfica que tiene la mayoría de nuestra gente la cual está sentada en nuestras iglesias el día de hoy. Nuestra cultura de iglesia ha dejado una gran brecha entre el creyente y el llamado que Dios les ha pedido que cumplan. Ellos están literalmente desconectados de su destino dado por Dios.

Es tiempo de reinsertar la Gran Comisión y reconectar a los creyentes al llamado de la Gran Comisión.

Hace varios años, una encuesta hecha por George Barna mostró que el 75 por ciento de los cristianos encuestados no podían dar una definición correcta, de acuerdo a las Escrituras, de la Gran Comisión, y esto incluía a muchos pastores. A través de los años, no creo que esos porcentajes hayan mejorado. En todo caso, es probable que hayan empeorado. En realidad, esto significa que al menos 75 por ciento del cuerpo de Cristo el día de hoy en los Estados Unidos ni siquiera sabe o entiende la verdadera misión a la cual Dios les ha llamado para realizar en esta tierra. No es de extrañar que en el presente estamos perdiendo la batalla espiritual en nuestro país. En gran medida, nuestra presente cultura de iglesia se ha excedido en el reclutar a personas para servir a las necesidades de la iglesia, pero hemos olvidado el decirle al cuerpo de Cristo acerca de su llamado dado por Dios para ayudar a alcanzar el mundo.

Trayendo una Grandiosa Definición a la Misión

¿Recuerda la definición de la Gran Comisión que di al principio de este capítulo? La Gran Comisión es el mandamiento que Cristo dio a la iglesia de ir y hacer discípulos a cada nación. ¿Cuáles son otras formas en las que podemos traer más claridad bíblica a esta declaración? Acá hay información la cual nos podrá ayudar.

La Gran Comisión es un mandamiento, no una sugerencia. A. T. Pierson, pastor estadounidense mundialmente conocido a finales de los años 1800s, predicó más de 13,000 sermones y escribió más de 50 libros. Pierson era reacio sobre el hecho de que nuestra respuesta como cristianos al mandamiento de Cristo de la Gran Comisión no es una opción. Sus palabras nos exhorta a abrazar al propósito que nos fue dado por Dios:

> Nuestro gran capitán nos ha dejado Sus órdenes para que marchemos; Id a todo el mundo y prediquen el Evangelio a toda criatura... Tan claro mandamiento hace que otros motivos sean relativamente innecesarios... Donde se ha dado una clara palabra divina de autoridad, inmediata, sumisión implícita y obediencia le será dada por los leales, amorosos discípulos. Aún el vacilar, por el simple hecho de pedir una razón, hace que se saboree la esencia de rebelión.

Jesús nos dio la Gran Comisión en los cuatro Evangelios y en el libro de los Hechos:

- Mateo 28:19-20: "Por tanto, id, y haced discípulos a todas las naciones."
- Marcos 16:15: "Id por todo el mundo y predicar el evangelio a toda criatura."
- Lucas 24:47-48: "Y que se predicase en su nombre el arrepentimiento y el perdón de pecados en todas las naciones."
- Juan 20:21: "Como me envió el Padre, así también yo os envió."

- Hechos 1:8: " pero recibiréis poder, cuando haya venido sobre vosotros el Espíritu Santo, y me seréis testigos en Jerusalén, en toda Judea, en Samaria, y hasta lo último de la tierra."

La verdad es que la Biblia completa expresa el mandamiento de Dios de la Gran Comisión. En Génesis 12:1-3, Abram vino a ser el primer misionero cros-cultural. En Salmos 96:3, se nos dice "Proclamad entre las naciones su gloria, en *todos* los pueblos sus maravillas." Aún en las Epístolas, encontramos en 1 Pedro 2:9 que "vosotros sois linaje escogido, real sacerdocio, nación santa, pueblo adquirido por Dios, para que *anunciéis* las virtudes de aquel que os llamó de las tinieblas a su luz admirable." Somos personas hechas para proclamar, llamados al ministerio de reconciliar al mundo con Dios.

La Gran Comisión es más que salvación. Cuando se le pregunta a las personas qué es la Gran Comisión, generalmente usted escuchará que es el evangelizar al perdido o es hacer que las personas sean salvas. Esas cosas son parte, pero esas definiciones se quedan cortas de lo que en realidad es la Gran Comisión. El centro del foco de la Gran Comisión es "hacer discípulos," y (aprenderemos que) la clave principal del hacer discípulos es la Gran Comisión.

Hablando bíblicamente, no hay un verdadero discipulado sin la edificación de personas quienes entienden y abrazan la Gran Comisión como su llamamiento personal. El primer paso genuino en este proceso de llegar a ser un verdadero discípulo de Cristo, es el guiar a las personas a la revelación de las escrituras, de que las misiones no son una actividad que los cristianos deciden o no el involucrarse en ella. La misiones son el mandamiento de Dios para cada creyente nacido de nuevo. En otras palabras, somos Cristianos de la Gran Comisión, y las misiones son nuestro llamamiento.

Cuando vemos el modelo de discipulado que Jesús nos dejó, nos damos cuenta que la mayoría de los programas de discipulado disponibles en las iglesias el día de hoy son significativamente diferentes. Discipulado no es simplemente memorizar más Escritura. No es simplemente el aprender a actuar santamente y es ser un miembro amable de iglesia, pero eso es lo que muchos programas de discipulado han estado produciendo. El punto es que llegamos a ser genuinos discípulos de Cristo cuando llegamos a ser parte del proceso de hacer discípulos, local y globalmente.

Cuando examinamos lo que Jesús quiso decir, cuando habló a cerca del discipulado bíblico, Mateo 28:19-20 viene a ser una excelente plantilla desde la cual podemos trabajar.

Primero, "Por tanto, id" es una parte del ir la cual representa el aspecto inicial de "alcanzar a otros." El Evangelio debe ser llevado al perdido. Más de 2.7 billones de personas en el mundo nunca han oído el mensaje del Evangelio ni una vez.

Segundo, "bautizándoles en el nombre del Padre, y del Hijo, y del Espíritu Santo" es la parte del "trayéndoles" que tiene que ver con la iniciación de nuevos convertidos.

Tercero, "enseñándoles que guarden todas las cosas que os he mandado" es el aspecto de "hacer el cambio" a un nuevo enfoque, propósito, metas, etcétera. Esto es donde el nuevo cristiano es transformado a discípulo - o podemos decir a un cristiano de la Gran Comisión.

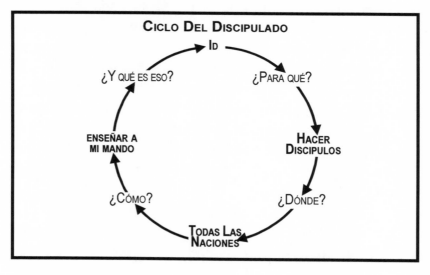

Así es como se debe llevar a cabo: Jesús dijo, "id" ¿Para qué, Jesús? ¡Para hacer discípulos! ¿Dónde, Jesús? ¡En todas las naciones! ¿Cómo, Jesús? ¡Enseñándoles a hacer lo que les he dicho que hagan! ¿Y qué es eso, Jesús? ¡Id! ¿Para qué, Jesús? ¡Para hacer discípulos! ¿Dónde, Jesús? ¡En todas las naciones! ¿Cómo, Jesús? ¡Enseñándoles a hacer lo que les he dicho que hagan! ¿Y qué es eso, Jesús? ¡Id! ¿Para qué, Jesús? ¡Para hacer discípulos! ¿Dónde, Jesús?

¡En todas las naciones! ¿Cómo, Jesús? ¡Enseñándoles a hacer lo que les he dicho que hagan! ¿Y qué es eso, Jesús? ¡Id! ¿Ya tomó la idea?

Hay un dicho antiguo el cual dice que la fe cristiana está a solo una generación de extinguirse. Sin verdaderos discípulos de Cristo siendo edificados, la próxima generación no será alcanzada. Esta es una realidad no solo para donde se encuentra la Iglesia el día de hoy, pero también para aquellos que están buscando el construirla donde no se debe. Por eso es que no es suficiente el que la gente se salve o aún el solo plantar iglesias. Debemos transformar nuevos convertidos en verdaderos discípulos para que éstos abracen y lleven a cabo la Gran Comisión para sustentar cualquier movimiento cristiano en cualquier país para que dure más de una generación.

La Gran Comisión expone nuestro propósito como cristianos. Como creyentes del Reino, vivimos con un sentido de propósito divino. Mientras estemos en la tierra, tenemos un tiempo limitado para llevar a cabo ese propósito. Esto significa que el tiempo es la más valiosa posesión que Dios nos ha dado. Es la cosa de la que ya no podemos producir más. Podemos hacer más dinero; podemos producir más de muchas cosas, pero no podemos hacer más tiempo. Cada día, cada minuto, y cada segundo son invaluables, y solo tenemos una oportunidad para usarlos. Cuando el día ha terminado, se ha ido para siempre. Si los cristianos en realidad comprendieran lo valioso que es su tiempo, no estarían dispuestos a gastarlos en cualquier cosa.

Hace años, escuché una ilustración acerca de la misión de la vida de los cristianos en la cual se usaba una pared y una escalera. Esta mostraba como algunos cristianos pasan sus vidas tratando de subir el próximo peldaño en la escalera, y algunos tenían éxito y llegaban hasta lo más alto de la pared, solo para darse cuenta que la escalera estaba recostada sobre la pared equivocada. La escalera representa nuestras vidas, y la pared representa el propósito de Dios para nosotros en la tierra. Demasiadas personas tienen sus escaleras puestas en la pared equivocada. Ellos se pasan la vida trabajando diligentemente sobre la escalera solo para darse cuenta al final que han trabajado en una vida la cual era una imitación barata de lo que Dios en realidad tenía para ellos.

En Jeremías 29:11 (NVI), Dios declara: " Porque yo sé muy bien los planes que tengo para ustedes." Qué tragedia para los cristianos el vivir sus vidas y nunca caminar en el plan Dios, el cual El preparó para ellos.

La Iglesia de la Gran Comisión

Cuando Jesús estaba en la tierra, realizó tres cosas importantes que tienen que ver con la iglesia:

1. Jesús dio a luz a la iglesia. (Juan 20:22, Mateo 16:18)
2. Jesús comisionó a la iglesia. (Mateo 28:19)
3. Jesús empoderó a la iglesia a través del Espíritu Santo para llevar a cabo la gran comisión. (Hechos 1:8)

En Hechos 1:8, vemos varias cosas acerca del llamado de la Gran Comisión en cada creyente y la iglesia local. Jesús dijo, "pero recibiréis poder, cuando haya venido sobre vosotros el Espíritu Santo, y me seréis testigos en Jerusalén, en toda Judea, en Samaria, y hasta lo último de la tierra." La primera cosa que podemos identificar en este verso es que no es solo para misioneros, pastores, o evangelistas. Este versículo es para todo creyente. Cada hijo de Dios nacido de nuevo es un cristiano de Hechos 1:8. La Escritura dice que usted recibirá poder cuando el Espíritu Santo venga sobre usted, y usted será Mi testigo.

La segunda cosa que aprendemos es que el empoderamiento del Espíritu Santo nos habilita para poder llevar acabo nuestro llamamiento de la Gran Comisión. Jesús le promete poder a través del Espíritu Santo para ser Su testigo. La palabra "testigo" en el griego significa "mártir." Esta es simplemente otra forma en la que Jesús nos dice que nos ha llamado a rendir nuestras vidas para que avance el Reino de Dios sobre la tierra.

La tercera cosa que aprendemos acerca de Hechos 1:8 es el increíble alcance de su llamado en la Gran Comisión. Usted ha sido llamado y empoderado por el Espíritu Santo para impactar a su comunidad local y hasta las naciones más remotas alrededor del mundo. En otras palabras, cada cristiano está llamado a ayudar en su iglesia local para alcanzar a su comunidad y al mundo al mismo tiempo.

A través de los años, me he dado cuenta que muchos ministros no interpretan correctamente Hechos 1:8, y es usualmente en dos maneras específicas. La primera es cuando el pastor dice que su iglesia se involucrará en las misiones a otros países después de que ellos hayan alcanzado totalmente su comunidad. El pastor explica que Hechos 1:8 nos instruye a alcanzar primero a nuestra comunidad, y después avancemos a otros lugares. Esa es una interpretación errónea de ese versículo. Hechos 1:8 no dice Jerusalén *después* Judea *después* Samaria y *después* lo último de la tierra. Sino que dice en Jerusalén, en Judea, en Samaria y hasta lo último de la tierra.

Si lo que el pastor dijera fuese cierto, cada viaje misionero que hizo el Apóstol Pablo no estaría de acuerdo a lo que la Escritura dice. Debemos alcanzar a nuestra comunidad y hasta lo último de la tierra al mismo tiempo. No se trata de este o el otro. ¡Se trata de ambos simultáneamente! Dios no hace acepción de personas. El está tan apasionado de una tribu no alcanzada en Asia así como de un hombre de negocios en América del Sur.

El segundo error más común que se hace al interpretar Hechos 1:8, se da cuando el pastor dice que su iglesia no está involucrada en las misiones a otros países porque su campo misionero es su ciudad. El pastor tiene razón, pero solo tiene razón a medias. Cada iglesia está llamada a alcanzar su Jerusalén (su comunidad). Pero al mismo tiempo como iglesia están llamados a ayudar a alcanzar lo último de la tierra.

Bob Sjogren, presidente de UnveilinGLORY, nos desafía a abrazar el corazón de Dios hacia todo el mundo con estas palabras:

> Si usted tiene la visión de alcanzar su vecindario, su pueblo, y aún todo los Estados Unidos, ¡gócese! Usted está viendo el corazón que Dios tiene por el 5 por ciento de la población del mundo... expanda su visión para ver el corazón que Dios tiene por toda la gente, hasta lo último de la tierra, y llegue a conocer el resto de su Dios.

Hace años, estaba realizando un taller de entrenamiento para misiones en una iglesia. Cuando estábamos revisando el programa de actividades y actividades de evangelismo con el equipo de trabajo, llegó a ser evidente que esta iglesia estaba extremadamente apasionada en alcanzar a su ciudad para Cristo. Ellos estaban gastando miles y miles de dólares y cientos de horas de trabajo cada mes para poder dar de comer a los pobres, ayudar a los indigentes, ministrar a las familias fragmentadas, y tener estudios bíblicos en las cárceles locales. Pero no tenían ninguna visión o pasión por las misiones a otros países. ¿Entonces qué hice? Les felicité por el tremendo corazón y amor que tenían para alcanzar a su comunidad para Cristo. Luego les mostré en las escrituras que Dios quería que ellos tuviesen el mismo amor apasionado y compromiso por alcanzar a las naciones al mismo tiempo.

Dios ama que las iglesias den lo mejor para alcanzar a su comunidad, pero no cuando ellos se olvidan del resto del mundo.

Cada cristiano de forma individual y cada congregación tiene ambos, un llamado *local* y un llamado *global* que cumplir. Por eso es los cristianos no tienen que orar para ver si "se sienten guiados" a ayudar a su iglesia para alcanzar a su comunidad. De la misma manera, los cristianos no tienen que orar para ver si "se sienten guiados" acerca de ser parte y apoyar el programa de misiones de la iglesia. ¿Por qué tendrían que orar los cristianos acerca de algo de lo cual Jesús ya les dijo que hicieran? ¡Esa es la única razón por la cual aun están en la tierra después de haber aceptado a Cristo como su Señor y Salvador!

David Livingstone fue un misionero escocés que se atrevió a aventurarse dentro de las más desconocidas y peligrosas partes de África en años 1800s, causando la apertura de más de un tercio del continente para el Evangelio. Este llamado de la Gran Comisión que hemos recibido de Dios fue siempre considerado por Livingstone como un increíble privilegio, no una carga a llevar. El dijo, "Si una comisión por un rey terrenal es considerada un honor, ¿Cómo podría una comisión del Rey Celestial ser considerada un sacrificio?"

Plan de la Escritura para Alcanzar al Mundo

Cuando los cristianos aprenden que ellos han sido llamados para ayudar a alcanzar sus comunidades así como lo último de la tierra al mismo tiempo, es obvio que la próxima pregunta debe ser, "¿Cómo puede hacer eso una persona?" Si usted vive en Colombia, México o cualquier otro país ¿cómo puede alcanzar a otra naciones? La respuesta es que ¡no lo puede hacer usted solo! Requiere que usted interactúe con el resto del cuerpo de Cristo. Este es un punto importante que a la mayoría de los cristianos no se les ha sido enseñado. La realidad es que Dios ha puesto el llamado de la Gran Comisión en su vida el cual es tan grande que no lo puede llevar a cabo solo. Ese el propósito de ser parte de una congregación local. Dios nos llamó a ser parte de una iglesia local para que así El pudiera tomar nuestros llamados individuales y unirlos en un poderoso llamado corporativo.

En Romanos 10:14-15, Dios establece el plan bíblico el cual nos empodera para alcanzar nuestro llamamiento individual de la Gran Comisión a través del esfuerzo corporativo combinado. Escuche las palabras del Apóstol Pablo:

¿Cómo, pues, invocarán (los perdidos) a aquel en el (Jesús) cual no han creído? ¿Y cómo creerán (los perdidos) en aquel (Jesús) de quien no han oído? ¿Y cómo oirán (los perdidos) sin haber quien les predique? ¿Y cómo predicarán (los predicadores) si no fueren enviados?

Estos versículos identifican dos roles distintivos en la congregación de todas las iglesias en lo que tiene que ver con misiones. El primer rol es el de "un enviado." Estas son personas en la congregación las cuales son equipadas para ser enviadas como misioneros.

En Romanos 10:15, Pablo recalca el punto que los predicadores (misioneros) no pueden ir a predicar a esas naciones extranjeras a menos que otros ayuden a enviarles. Cada iglesia tiene personas sentadas en sus congregaciones las cuales están llamadas a ser misioneros cros- culturales, porque Dios quiere usar a cada iglesia para preparar y enviar misioneros a las naciones.

Esto nos trae al segundo rol distintivo que podemos identificar en el plan que Dios estableció en Romanos 10:14-15, y ese es el rol del que envía. Cada persona en una congregación local esta llamada ya sea a ir (misionero) o está llamada a enviar a los misioneros. Paul Brannon, un verdadero estadista en misiones quien ha dedicado más de cincuenta años al evangelismo mundial, lo explica de esta manera: "Cuando tiene que ver con el campo misionero, tenemos dos opciones como cristianos. Nosotros podemos ir como misioneros, o podemos ayudar a enviar a otros en lugar nuestro."

Desde la perspectiva bíblica, misioneros no son personas que simplemente "van" al campo misionero. Misioneros bíblicos son aquellos quienes han sido equipados y enviados al campo misionero por el resto del cuerpo de Cristo. Cada iglesia está llamada a ser una iglesia que envía misioneros. El cuerpo de Cristo es literalmente la fuerza enviadora detrás del movimiento misionero mundial de Dios.

Una pregunta importante la cual es presentada en este punto es, ¿cuál es el rol más importante en lo que tiene que ver con desarrollar las misiones para completar la Gran Comisión, *los enviados* o *los que envían*? Muchas veces, enfatizamos la increíble necesidad que hay de que los misioneros alcancen el mundo con las buenas nuevas de Jesucristo. Pero al mismo tiempo, también es importante enfatizar el hecho de que sin *enviadores* carecemos de la habilidad de enviar misioneros a cualquier lugar. ¡Entonces los que envían son tan esenciales para completar la Gran Comisión como lo son los misioneros mismos! No todos estamos llamados a ir a vivir al otro lado del mundo. Los misioneros en el campo misionero necesitan personas que estén dispuestos a apoyarles en oración, financieramente, y de otro gran numero de formas. La verdad es que ambos roles son igualmente importantes para llevar a cabo el plan de Dios de alcanzar la cosecha mundial.

Cuando enseño sobre el tema de misiones, con frecuencia hago una demostración donde entrevisto a un misionero en frente de la congregación. A través del interrogatorio que hago al misionero, revelo el increíble nivel de compromiso que se requiere para llegar a ser un misionero (enviado). Por ejemplo, la mayoría de las personas que llegan a ser misioneros renuncian a años de preparación en sus trabajos, buenos empleos, salarios atractivos, buenas jubilaciones, cercanía con familiares, bonitas casas, buenos amigos, y una buena iglesia local por el llamado a mudarse a una cultura extraña, nuevos entornos, idiomas diferentes, y el reto de proveer un hogar con una atmósfera estable para su familia. Cuando le pido a la congregación que le dé un valor al nivel de compromiso del misionero en una escala del uno al diez, diez siendo el nivel más alto de compromiso, casi todos dicen "diez."

Esto nos lleva a un punto extremadamente importante. Si los enviados y los que envían son igualmente importantes en el cumplimiento de sus roles en el plan de Dios de la Gran Comisión, ¿cómo esperamos alcanzar las naciones para Cristo, cuando demandamos de los misioneros (enviados) que funcionen en un nivel de compromiso de "diez" cuando los que envían funcionan en un nivel de "uno" o "dos"? Los misioneros funcionan en un nivel de diez porque ellos tienen que hacerlo. Ellos no tienen opción. Ellos tienen que dejarlo todo para poder hacer la transición. Pero los que envían deben de llegar a la conclusión de que Dios cuenta con ellos para ayudar a alcanzar el mundo de la misma manera que aquellos que El llamó a ser misioneros. ¡Es un esfuerzo de equipo! Si un cristiano no ha sido llamado a ser uno que va (misionero), es automáticamente llamado a ser uno que envía. Y debe administrar su vida de manera que pueda ejecutar un rol significativo de enviar misioneros a las naciones. Dar para el apoyo financiero de los misioneros deberá ser una prioridad junto a lo más prioritario en su presupuesto mensual, no al final o, aún peor, vivir un estilo de vida en el cual da a las misiones solamente cuando tiene suficiente dinero para todo las cosas que quiere. Es a través del método de enviados/enviadores que Dios da al cuerpo de Cristo un plan para alcanzar al mundo con las buenas nuevas de Jesucristo, y una forma en la cual cada cristiano puede cumplir con su llamado de la Gran Comisión.

Pero usted se preguntará, ¿hay algún ejemplo en las Escrituras donde la Iglesia Primitiva en realidad llevó a cabo Romanos 10:14-15? ¡La respuesta es sí! En Hechos 13:1-3, encontramos estas palabras:

> Había entonces en la iglesia que estaba en Antioquía, profetas y maestros: Bernabé, Simón el que es llamaba Niger, Lucio de Cirene, Manaén el que se había criado junto con Herodes el tetrarca, y Saulo. Ministrando éstos al Señor, ya ayunando, dijo el Espíritu Santo: Apartadme a Bernabé y a Saulo para la obra a que los he llamado. Entonces, habiendo ayunado y orado, les impusieron las manos y *los despidieron.*

La Iglesia en Antioquía estaba llevando a cabo exactamente lo que el Apóstol Pablo nos enseña en Romanos 10. Una congregación de creyentes había sido establecida en la ciudad de Antioquía de la cual Pablo era parte. Después de un tiempo de oración y ayuno, Pablo y Bernabé fueron identificados al liderazgo por el Espíritu Santo de que deberían ser "enviados" por el la congregación de la iglesia. En otras palabras, el Espíritu Santo le estaba ordenando a la iglesia a que entregaran a Pablo y a Bernabé para el trabajo misionero al cual ellos habían sido llamados a realizar. Entonces los líderes de la iglesia obedecieron al Señor y entregaron a unos de sus mejores miembros y desviaron algunos de sus recursos económicos para ser usados en otra obra la cual estaba fuera de las necesidades de su propia iglesia.

Más allá de que tan útiles Pablo y Bernabé eran en la iglesia de Antioquía, los hermanos fielmente obedecieron. Con un verdadero espíritu de fe, ellos renunciaron a sus propios intereses, y con oración, ayuno, y ayuda, ellos les *enviaron*. Pablo y Bernabé fueron los "enviados," y el resto de la congregación sirvieron a la obra misionera como "los que enviaron." Esto dio inicio al primer record de los viajes misioneros de Pablo y Bernabé desde la iglesia "casa" en Antioquía a las provincias que rodean el Mar Mediterráneo.

Esta congregación en Antioquía - a través de su comunión con los misioneros, su obediencia al mandato de Cristo de la Gran Comisión, y el someterse a la guianza del Espíritu Santo - fueron instrumento para que muchas almas fueren salvas. Cuando por cierto hubiesen podido llevar a cabo muchas cosas en la ciudad de Antioquía con estos hombres, había un principio adicional obrando por el cual se extendieron más allá de sí mismos para poder alcanzar a otros en tierras distantes.

La realidad es que la mayoría de las iglesias nunca han preparado misioneros de su propia congregación. Esto es algo que debemos cambiar si vamos a alcanzar el mundo para Cristo. Tenemos personas en nuestras iglesias las cuales han sido llamadas por Dios para ser misioneros cros-culturales, pero que están muriendo en sus sillas. Cuando predico en iglesias, yo puedo literalmente sentir al Espíritu Santo alcanzando y tirando de ciertos corazones que están sentados en la congregación para venir y ser misioneros. Pero sin ayuda, estas personas nunca podrán responder a su llamado misionero.

Un ejecutivo de una gran organización misionera una vez hizo esta declaración: que después de estar en las misiones por más de cuarenta años, trabajando con un gran segmento del cuerpo de Cristo, él está convencido que el 95 por ciento de las personas en los Estados Unidos quienes han sido llamados por Dios al ministerio de tiempo completo, como misioneros cros-culturales nunca responden al llamado. Es mi convicción personal (sin otra evidencia bíblica, únicamente la de que Dios ama al mundo) que si la Iglesia estuviese funcionando con todos los cilindros y operando al máximo de su potencial, estaríamos diezmando de nuestras congregaciones a las naciones. Eso significa que el 10 por ciento de cada congregación serían enviados como misioneros mientras el otro 90 por ciento de la congregación estaría sirviendo como los que envían. ¿Puede imaginarse el tamaño de la cosecha de nuevos miembros que la iglesia podría cosechar si ese fuere el caso? Al momento, el número de misioneros que son enviados desde los Estados Unidos a las naciones es menos del 1 por ciento de la Iglesia.

El Asunto de la Gracia

Uno de los puntos más brillantes en lo concerniente a lo que se ha estado enseñando en la Iglesia en los años recientes es el fuerte énfasis en la gracia de Dios. Este mensaje literalmente a puesto en libertad a millones de cristianos, para que ellos puedan caminar en una nueva dimensión en su vida cristiano. Dado al fuerte énfasis al mensaje de fe en las últimas tres o mas décadas, un elemento de esta enseñanza estaba cambiando hacia la forma de "obras." Si usted hace esto y esto y esto, entonces recibirá esto.

Aunque siempre he estado agradecido con el mensaje de fe y éste continuará siendo una parte importante de mis fundamentos cristianos, admito que no escapé el caer en la trampa de las "obras." Pase años tratando de ganar cosas de parte de Dios las cuales Jesús ya había comprado para mí a través de la redención. Es absolutamente liberador el aprender a vivir en una posición de gracia en lugar de vivir en una posición de obras. La revelación de la gracia de Dios ha hecho que me enamore de Dios como nunca antes. Mi pasión es el acceso a Su gracia completa para que entonces pueda caminar completo en el nivel de lo sobrenatural, un favor inmerecido el cual puedo usar para brindarle gloria a El.

Mientras las maravillas de la gracia son dignas de nuestra atención, si esa gracia que se nos ha sido otorgada es desconectada de su propósito, el triste resultado será un cristianismo centrado en sí mismo que no se acerca al corazón de Dios.

Hace muchos años, fui invitado a predicar en una iglesia un domingo por la mañana. Prediqué de Mateo 28:19-20, mostrando de cómo Jesús nos ordenó como Iglesia a llevar el Evangelio al mundo. Después del servicio, el pastor se me acercó rápidamente, me dio un sobre, y me dijo que el tenía que marcharse. Pensé que sus acciones eran un poco extrañas, pero no tenía ni idea que todo se iba a poner más extraño, y pronto.

Un par de días más tarde, traté de contactar a ese pastor por teléfono, para ver si todo estaba bien porque pensé que él se había ido del servicio de la iglesia el domingo rápidamente a causa de alguna emergencia. Pero no pude contactarle. Después recibí una carta de él en el correo. En esa carta se me informaba que él no quería que contactara su iglesia de nuevo y que quitara el nombre de su iglesia de cualquier banco de datos donde le tuviese. Continuó explicando que ellos eran una "iglesia de gracia" la cual enfatizaba el mensaje de la "gracia." Al venir y predicar sobre la Gran Comisión, el sintió como que yo estaba violando su postura de la gracia y que estaba poniendo a su gente bajo esclavitud.

Cuando leí la carta, la veía como que no fuese real. ¿Cómo hemos llegado a un lugar en nuestra cultura de iglesia en la cual es considerado ofensivo y fuera de lugar el ponerse de pie en un servicio de iglesia y leer la "letra en rojo" en nuestras biblias? El desconectar las bendiciones de Dios que vienen del propósito global de Dios es como caer en una espiral descendente hacia un cristianismo anti bíblico, saturado de ego, el cual erra totalmente en el punto de la gracia de Dios.

ONCE

Una Vida Guiada Por El Espíritu

E l 16 de julio de 1974, más de 2,700 líderes cristianos
evangélicos de 150 naciones se reunieron en Lausana,
Suiza, para unirse en compromiso y en fe por el bien de
la evangelización del mundo. Esta histórica reunión ha
venido ser conocida como el Congreso de Lausana. El
tema del congreso fue "Que la Tierra escuche Su Voz."

El documento el cual vino a ser el resultado de esta
reunión del líderes cristianos del mundo es el Pacto de
Lausana. Este ha venido a ser uno de los documentos
más influyentes en el moderno cristianismo evangélico y
ha servido como una llamada de trompeta al cuerpo de
Cristo por décadas. Una porción del Pacto de Lausana fue
dedicada a la afirmación del lugar y la importancia del
Espíritu Santo en lo que tiene que ver con el mandamiento
de la Gran Comisión. Este dice:

> "El Espíritu Santo es un espíritu misionero; en
> consecuencia el evangelismo debería surgir

espontáneamente de una iglesia llena del Espíritu. Una iglesia que no es una iglesia misionera está en contradicción con sí misma y contrista al Espíritu. La evangelización alrededor del mundo vendrá a ser una posibilidad, en realidad, solamente cuando el Espíritu renueve a la iglesia en verdad y sabiduría, fe, santidad, amor, y poder. Por lo tanto hacemos el llamado a todos los cristianos a que oren por dicha visitación del soberano Espíritu de Dios y que todo Su fruto aparezca en todo Su pueblo y que todos Sus dones puedan enriquecer al cuerpo de Cristo. Solo entonces toda la iglesia vendrá a ser un instrumento apto en Sus manos, para que toda la tierra pueda escuchar Su voz."

Si la obra de Dios fuese una iniciativa puramente humana, el ser negligente con la vida guiada por el Espíritu, la vida guiada por el Espíritu podrá ser inteligible. Pero en respuesta al carácter sobre natural, guiado por un líder omnipresente, con todo Su poder sobrenatural prometido al apoyo en las condiciones de la consagración y la oración de parte de los agentes humanos, el abandono a la vida guiada por el Espíritu en una negación al liderazgo del Señor y una limitación voluntaria de nuestra efectividad e influencia en la sociedad.

La importancia del ser guiados por el Espíritu se da sin lugar a dudas. ¿Cómo podemos esperar el cumplir la obra sobrenatural de Dios en los corazones de las personas? ¿Simplemente a través de el esfuerzo de nuestras propias fuerzas? ¡Es imposible! En nuestras propias fuerzas, podremos construir algo que es impresionante, de entretenimiento, para disfrutar, y atractivo - ¡pero no sobrenatural! El Apóstol Pablo nos deja una aseveración extrema en lo que tiene que ver con la importancia de ser guiado por el Espíritu de Dios: "Por cuanto muchos son guiados por el Espíritu de Dios, ellos son los hijos de Dios."

Hace unos años, me fue contada la historia acerca de uno de los líderes cristianos de la iglesia subterránea en China a quienes milagrosamente se les dio la oportunidad de visitar los Estados Unidos. Mientras estaba acá, muchos prominentes líderes cristianos le llevaron en un extenso tour de algunas de las iglesias y ministerios más grandes y más conocidos de nuestra nación. Al terminar, los líderes cristianos le preguntaron qué pensaba acerca de todo lo que había visto. El líder chino les respondió diciendo, "¡Todo esto es muy impresionante! Es asombroso todo lo que han realizado sin el Espíritu Santo."

Estoy seguro que esa no era la respuesta que esperaban escuchar, pero la respuesta fue sin embargo bastante perspicaz. Si se pudiese presentar alguna acusación en contra de la Iglesia Occidental, sería de que hemos llegado a ser constructores profesionales de iglesias. Es como si hubiésemos transformado a la iglesia en una maquinaria altamente profesional y competitiva en la cual encontramos maneras de hacer revolucionar la experiencia de iglesia para así poder superar a todos los otros modelos de iglesia disponibles en nuestro vecindario.

En lugar de ganar a nuestra sociedad para a Cristo, hemos terminado usando la mayoría de nuestros recursos, incluso el recurso humano en una competencia entre iglesias, en la cual se trata de ver quién puede llegar a ser la más atractiva para personas quienes en su mayoría de hecho ya son cristianos. Y todo esto viene de una fórmula estratégica definida y alta mente desarrollada para tener éxito y que hemos aprendido a través de cursos en seminarios, conferencias de iglecrecimiento, y de modelos seculares de negocios.

John Piper, un reconocido pastor, quien realiza cruzadas a nivel mundial, autor, implora a los ministros con éstas palabras:

> Nosotros, los pastores estamos siendo asesinados por la profesionalización del ministerio pastoral. Profesionalización no tienen nada que ver con la esencia y corazón del ministerio cristiano. Lo más profesionales que queramos llegar a ser, implicará la mayor muerte espiritual que tendremos en nuestro velorio... Usted no puede profesionalizar el amor por Su retorno, sin matarlo. Y está siendo matado. El mundo pone la agenda del hombre profesional, Dios pone la agenda del hombre espiritual. El vino fuerte de Jesucristo explota los odres del profesionalismo."

Entiendo que la iglesia debe mejorar y poner al día sus métodos de presentación, para aprovechar la tecnología. Se debe tener el elemento de excelencia lo cual es una cosa positiva. Pero en algún punto en el camino dejamos de edificar ministros guiados por Espíritu, ungidos con corazón de la búsqueda de la presencia y los propósitos de Dios y empezamos a producir ministros quienes calculan el éxito de sus ministerios por medio de un set de fórmulas y técnicas, las cuales se jactan de garantizar el éxito en la construcción de un ministerio impresionante. Y en medio de todo esto, poquísima o ninguna consideración se le es dado a la guianza del Espíritu Santo o a la misión real de la Iglesia. Todo se hace en base a las encuestas, las cuales muestran el cómo crear una gran experiencia y la mejor respuesta. Suena más a la forma en que un político realizaría su campaña política en lugar de la forma en que Jesús quiere guiar a Su Iglesia.

Hace más de 150 años, Hudson Taylor, el reconocido misionero pionero a China, hizo esta declaración: "Hemos dado mucha atención a los métodos, la maquinaria, a los recursos y muy poco a la Fuente de Poder, la llenura del Espíritu Santo."

Recientemente, hablaba con un joven ministro quien se tomó la libertad de decirme cuales son las claves para construir un ministerio exitoso. Inició diciéndome, "Todo es un juego de números. Usted solo tiene que saber la fórmula." Continuó explicándome todos los componentes principales. Ninguno de estos componentes incluía oración, la guianza del Espíritu Santo, el hacer discípulos, o el enfoque en la Gran Comisión. Estando de pie allí escuchando a este joven ministro, pensé ¿en verdad estoy oyendo esto? ¿Esto es lo que estamos produciendo como la próxima generación de líderes cristianos? Es como que ya hemos aprendido a como "construir iglesia" al punto en que ya no necesitamos a Dios en el proceso. ¡Ahora edificamos iglesias en dones, talentos, programas, y decoración, pero no en unción! Un programa estratégico de desarrollo y el reloj han venido ser los amos del servicio mientras Dios no ha estado a cargo de nada desde hace mucho tiempo.

El difunto John Wimber, fundador de las Vineyard Churches (Iglesias Viñedo), una vez compartió una historia acerca de lo que le sucedió durante un tiempo personal de oración. Cuando se encontraba adorando a Dios, él escuchó al Señor decirle: "John, Yo quiero que me devuelvan Mi Iglesia." Creo que ese era el clamor de Dios a la iglesia en los Estados Unidos. Dios quiere estar en control de nuevo. Dios quiere un pueblo que actué en poder, valentía, y unción sobrenatural bajo la guianza del Espíritu Santo.

El más grande y poderoso movimiento de la Iglesia en el mundo el día de hoy está en África, Asia y América Latina, esos movimientos están fuertemente alimentados por oración, ayuno, discipulado, adoración, dependencia del poder y guianza del Espíritu Santo. No están sucediendo como resultado de un astuto plan de mercadeo o exhibicionismo profesional.

En lo que concierne a la guianza del Espíritu Santo en nuestras vidas, nos hará bien el recordar las palabras de John R. Mott: "Aquellos que hacen historia son los que se someten a El que ha orquestado la historia."

AVANZANDO HACIA LA META

Hermanos, no pienso que yo mismo lo haya logrado ya.
Más bien, una cosa hago: olvidando lo que queda atrás y
esforzándome por alcanzar lo que está delante, sigo avanzando
hacia la meta para ganar el premio que Dios ofrece mediante su
llamamiento celestial en Cristo Jesús.
—Filipenses 3:13–14 NVI

DOCE

La Linea Final

Dios ha orquestado cada cosa hacia una meta final la cual es descrita en Apocalipsis 7:9:

> Después de esto miré, y he aquí una gran multitud, la cual nadie podía contar, de todas naciones y tribus y pueblos y lenguas, que estaban delante del trono y en la presencia del Cordero, vestidos de ropas blancas, y con palmas en las manos.

Esta increíble escena es hacia donde *todas las cosas* se encaminan. Esta es la meta final y ésta no cambiará. Si no estamos trabajando hacia esa meta, *no* estamos siguiendo el plan de Dios, sino desarrollando nuestro propio plan. Aún puede ser que nos estemos oponiendo al propio plan de Dios. En el mejor de los casos, somos irrelevantes.

El día viene cuando una tremenda multitud se presentará delante del trono de Dios con representantes de cada etnia sobre la tierra. Pero para que eso suceda delante del trono de Dios, primero debe suceder en la Tierra. Deben de levantarse adoradores dentro de cada etnia. Y allí es donde aparecemos los cristianos del Reino.

Somos esas personas de las cuales Jesús habló en Mateo 11:12 los cuales han arrebatado el avance del Reino de Dios sobre la tierra hasta que hayan discípulos en cada etnia que representen el Reino de Dios. ¡Esa es la razón por la cual estamos aquí! ¡Ese es nuestro propósito! Esa es nuestra mayordomía sobre la Tierra.

En 2 Timoteo 2:4, el Apóstol Pablo le dice muy claramente a su hijo espiritual, Timoteo, que para ser un buen soldado de Jesucristo no podemos enredarnos en los negocios de la vida. Cuando escuchamos la afirmación "negocios de la vida," usualmente pensamos a cerca de no ser atrapados en las cosas de este mundo; y esa es definitivamente una gran parte de esto. Pero los cristianos de la misma manera pueden enredarse en cosas cristianas y nunca llevar a cabo la verdadera misión de que Cristo nos ha dado: de alcanzar al mundo con el Evangelio. Ver el círculo en el gráfico en la parte superior de la página siguiente. El círculo representa su vida. En el centro de su vida está su misión como un creyente del Reino. Todo lo demás nombrado en la línea perimetral del círculo son nada más algunas cosas de la Biblia, las cuales usted debe de aprender en su caminar como cristiano.

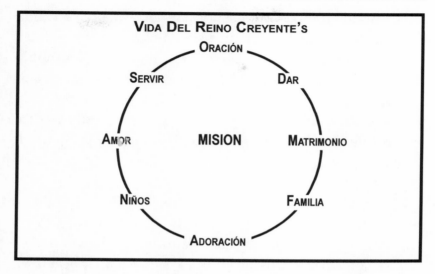

Acá es donde una buena iglesia que enseña la Biblia se hace presente. Ser pastor de una iglesia local es una increíble responsabilidad. De hecho, en Hebreos 13:17, el escritor nos exhorta a que no le demos a nuestros pastores ninguna aflicción o alguna dificultad porque ellos son los que van a responder a Dios por nuestras almas. El pastor y el liderazgo de la iglesia son responsables de enseñarnos las diferentes cosas que la Biblia habla para que podamos llegar a ser cristianos fuertes. Algunas de éstas cosas aparecen en la lista alrededor del círculo. Pero acá está el desafío que enfrentamos en las iglesias el día de hoy. Dado a que muchos cristianos no tienen el entendimiento del Reino de Dios y de la Gran Comisión, ellos creen que el llegar a ser fuertes en esas diferentes áreas es la meta para su vida cristiana. Y al llegar a ser fuertes en esas áreas, han cumplido con el llamamiento como seguidores de Cristo.

Cuando estaba predicando recientemente en una iglesia, hice esta declaración: "Este puede que sea un shock para algunos de ustedes, pero el tener un buen matrimonio no es la meta de nuestra vida; tampoco lo es el haber creado buenos hijos la meta de nuestra vida." Puedo decir que la gente estaba sorprendida que yo dijera eso, y eso nos dice mucho de donde la mayoría de cristianos se encuentran espiritualmente el día de hoy.

La verdad es que debemos de llegar a ser muy fuertes en nuestros matrimonios, en nuestras familias, y en todas las áreas que la Biblia enseña, para que podamos ir más allá de todos nuestros asuntos personales y aplicar más de nuestra energía hacia la misión real. La Iglesia sirve como un instrumento de Dios para entrenar a los cristianos a ser más fuertes en cada área de su vida para que ellos puedan estar equipados para no enredarse en los negocios de esta vida. Si la vida de una persona consiste de todos los problemas (asuntos) que ellos pueden manejar, ellos determinan que nunca se pueden involucrar en la Gran Comisión. Dios quiere que crezcamos en Él al punto en que las circunstancias de la vida ya no nos dominan y así nos podremos enfocar en completar la misión real.

Para que no nos enredemos en los negocios de esta vida, necesitamos recordarnos a nosotros mismos frecuentemente que solo estamos de paso en esta vida y que vamos de camino a algo mucho mejor. ¡Somos ciudadanos de otro reino! ¡No somos de este mundo, y no deberíamos estar viviendo esta vida! En lo que concierne a este punto, John Piper le suplica al cuerpo de Cristo con estas palabras:

Somos extranjeros, y el vivir como extranjeros es absolutamente necesario. Cuando quienes profesan ser cristianos extranjeros son absorbidos por el mundo y dejan de caminar bajo la constitución de Reino, dejan de amar al Rey, y dejan de perseguir los anhelos del Reino, entonces ellos no teinen la garantía de pensar que van a heredar el Reino. Es una gran tragedia cuando uno que profesa ser creyente vive por su mundo presente.

El escritor de Hebreos también nos muestra la importancia del no vivir para este mundo al usar a los santos del Antiguo Testamento como nuestros ejemplos. En Hebreos 11:13, la Biblia dice que ellos se consideraron así mismos peregrinos y extranjeros en este mundo. Ellos sabían que todas las cosas en Dios avanzaban hacia un clímax final, una meta final - y eso les sirvió como su esperanza en Dios concerniente a su destino final.

El Apóstol Pedro exhortó a la iglesia primitiva a que tuviesen la misma mentalidad. En 1 Pedro 2:11 (LBLA) Pedro dice, " Amados, os ruego como a extranjeros y peregrinos."

¿Cuál debe ser el foco central de la vida del creyente? Mateo 6:33 "Buscar primero el Reino." ¿Cuál debe ser el enfoque principal de nuestra vida de oración? Mateo 6:10 Debemos de orar para que el Reino de Dios sea manifiesto en cada parte de la tierra, para que la voluntad de Dios se haga acá así como en el cielo.

Reconociendo la Línea de Meta

En Hebreos 12:1-3 (NVI), se nos da esta instrucción:

Por tanto, también nosotros, que estamos rodeados de una multitud tan grande de testigos, despojémonos del lastre que nos estorba, en especial del pecado que nos asedia, y corramos con perseverancia la carrera que tenemos por delante. Fijemos la mirada en Jesús, el iniciador y perfeccionador de nuestra fe, quien por el gozo que le esperaba, soportó la cruz, menospreciando la vergüenza que ella significaba, y ahora está sentado a la derecha del trono de Dios. Así, pues, consideren a aquel que perseveró frente a tanta oposición por parte de los pecadores, para que no se cansen ni pierdan el ánimo.

Como pueblo de Dios, vivimos con un propósito divino. Somos residentes del cielo sirviendo como Sus embajadores llevando a cabo la misión de Dios sobre la tierra - la cual es la Gran Comisión. El escritor de Hebreos compara nuestra misión con el correr una carrera. Se nos dice que la carrera no es una carrerita de 100 metros, sino mas bien es una carrera la cual requerirá compromiso y resistencia. Jesús debe ser nuestro ejemplo. Si mantenemos nuestros ojos puestos en Jesús y no nos fatigamos y nos rendimos, entonces podremos cruzar la línea final y completar la carrera (misión).

En Mateo 28:19-20 (NVI), Jesús nos da un reporte detallado de como exactamente debemos de correr la carrera:

> Por tanto, vayan y hagan discípulos de todas las naciones, bautizándolos en el nombre del Padre y del Hijo y del Espíritu Santo, enseñándoles a obedecer todo lo que les he mandado a ustedes. Y les aseguro que estaré con ustedes siempre, hasta el fin del mundo.

Corremos la carrera usando nuestro tiempo, talentos, y tesoros en un esfuerzo unificado con el resto del cuerpo de Cristo con el propósito de edificar discípulos en cada nación. La línea final marca el momento en que esta tarea es completada. Jesús deja este punto claro en Mateo 24:14: "Y será predicado este evangelio del reino en todo el mundo, para testimonio a todas las naciones; y entonces vendrá el *fin*."

En otras palabras, corremos la carrera que Dios a puesto delante de nosotros yendo y predicando el Evangelio del Reino a las naciones. La carrera concluye cuando los verdaderos discípulos de Cristo han emergido en todas las naciones. Para entender esto, Jesús literalmente nos ha dado la forma de calcular que tan lejos hemos llegado y cuanto más tenemos que correr. Vemos esto al hacer un inventario de cuanto estamos involucrados en las naciones. Al determinar cuántas naciones hemos alcanzado con el Evangelio haciendo discípulos, esto nos dice que tan lejos hemos llegado. Identificando cuantas naciones donde todavía necesitamos llevar a cabo nuestra tarea de hacer discípulos, encontramos exactamente cuanto todavía nos falta por recorrer.

Pero también debemos entender exactamente lo que Jesús quiso decir cuando El uso la palabra "naciones." El no estaba hablando de naciones en el sentido de fronteras geopolíticas como nosotros pensaríamos. La palabra "naciones" en griego es la palabra "ethnos." Es de donde obtenemos la palabra en español "étnico." Jesús estaba hablando de los diferentes grupos étnicos o grupos de personas en el mundo. Una nación geopolítica podrá tener dentro de sus fronteras cientos de grupos étnicos. Cuando la Iglesia del Señor Jesucristo haya hecho discípulos en cada grupo étnico, la Gran Comisión estará completada.

Dado al tedioso y diligente trabajo del U.S. Center for World Mission (U.S. Centro para la Misión Mundial) desde 1976 y otros ministerios como el Joshua Project (Proyecto Josué), 16,590 grupos étnicos han sido identificados en el mundo. La definición de un grupo étnico es: grupo etnolingüística con una identidad propia común la cual es compartida por sus miembros. Las características que hacen a un grupo étnico, incluye: un nombre común, identidad común de los individuos, historia común, costumbres, familia e identidades del clan, patrones hereditarios, factores étnicos comunes, etcétera. De los 16,590 grupos étnicos, 9,427 de ellos ya han sido alcanzados con el Evangelio. Estos representan cerca del 58 por ciento de la cosecha mundial, faltando 7,163 grupos étnicos que aún necesitan ser alcanzados. El país que tiene la mayoría de los grupos es India, con 4,879. El número de aquellos aún no alcanzados es de 2,283.

Entre más aprendemos acerca del maravilloso llamado de Dios en nuestras vidas como cristianos, mucho mayor es la realidad que se acentúa en que no podemos darnos el lujo de estar jugando juegos con nuestro caminar cristiano. ¡Hay demasiado en juego! Estamos perdiendo la cosecha. Aproximadamente 150,000 personas mueren cada día. Cada una de esas personas tiene un 75 por ciento de posibilidades de haberse perdido eternamente. Esto significa que más de 100,000 personas están muriendo cada día sin Cristo. ¡Eso es 700,000 cada semana! Wiki. answers.com clama que 68 personas sin Cristo mueren cada minuto. La parte más trágica de todo esto es que Jesús ya pagó el precio para proveer vida eterna para cada uno de ellos, pero nosotros hemos fallado en la entrega de las buenas nuevas. El Evangelio es solamente las buenas nuevas si llegan a las personas a tiempo antes de morir. No son buenas noticias para aquellos que nunca las escucharon.

No es que no podamos ganar al mundo para Cristo; nosotros simplemente escogemos el no hacerlo. De acuerdo con el U.S. Center for World Mission, hay más de 1,000 iglesias en el mundo ahora mismo por cada grupo de personas no alcanzado: 1,000 a 1. Esto es por lo que el Dr. Ralph Winter hizo esta declaración de que la Iglesia del Señor Jesucristo es veinte veces más fuerte de lo que necesita para terminar la tarea, pero la mayoría de ella está dormida. El más grande gigante durmiente sobre la tierra es la Iglesia. Si alguna vez despierta, ¡la Gran Comisión será terminada! Y el diablo lo sabe. Esa es la razón por lo que lucha tanto contra las misiones.

Esa es la razón por la cual el avance real del Reino debe llegar a ser una parte significativa de nuestros valores como cristianos. ¡El tamaño del ministerio no significa nada! Qué tan grandes nuestros ministerios se ven a los ojos de otros no significa nada. Qué tan financieramente bendecidos seamos no significa nada. Todas estas cosas no significan nada si no vemos un progreso real en el avance del Reino el cual nos acerca a completar la Gran Comisión.

A Cualquier Costo

Cuando Jesús le dio a la Iglesia la Gran Comisión, El no nos dio un mandato o mandamiento el cual no pudiésemos cumplir. Jesús sentó la plataforma para que el Evangelio pudiese avanzar en toda la tierra a través de Su Iglesia. ¡Y El envió al Espíritu Santo para empoderarnos para llevar a cabo la tarea! Pero por alguna razón, el cuerpo de Cristo se muestra como que ya está satisfecho haciendo solamente un poquito para las misiones, para que entonces podamos decir que estamos involucrados en el proceso. Pero Jesús no llamó a la Iglesia a chapotear en la Gran Comisión y que luego la pasara de forma conveniente a la próxima generación. ¡Hemos sido llamados A COMPLETARLA! Debemos no solamente reenfocar a la iglesia a que quiten los mirada en sí misma, sino que también debemos re-envisionar a la iglesia con la realidad de que el completar la Gran Comisión está más cerca de lo que pensamos.

John R. Mott, un verdadero pionero en misiones con el Student Volunteer Movement (Movimiento Voluntario de Estudiantes) al final de los años 1800s y a principios de los años 1900s, fue el responsable del reclutamiento y movilización de miles de estudiantes universitarios hacia las misiones extranjeras alrededor de los Estados Unidos. Su impacto en la misiones se ha hecho sentir en nuestros días. El se dio cuenta de que si en una generación de creyentes verdaderamente abrazásemos el mandato de Cristo de la Gran Comisión, esa generación podría alcanzar el mundo. Sus palabras aún nos desafían a ser esa generación: "La proclamación mundial del Evangelio espera el poder ser realizada por una generación la cual tendrá que ser obediente, valiente, y con la determinación de intentar terminar la tarea."

Every Home for Christ (Cada Hogar para Cristo) ha plantado más de 3.25 millones de mensajes del Evangelio de casa en casa en 216 naciones, resultando en más de 116 millones de respuestas y tarjetas de seguimiento a aquellos que han tomado la decisión. El Dr. Dick Eastman, su presidente internacional, exhorta al cuerpo de Cristo con estas palabras: "El completar literalmente la Gran Comisión no es tan complicado como lo vemos. Conforme trabajamos todos juntos, puede suceder mucho más rápido de lo que usted puede imaginar."

Pero en orden de que nosotros podamos ser *esa generación*, debemos posicionar a la Iglesia para esa tarea. Y hay algunos asuntos que debemos considerar.

Reequipar a la iglesia

La iglesia debe llegar a ser misional en su núcleo en el verdadero sentido de la palabra y dejar de funcionar como un habilitador de una sociedad absorbida en sí misma. Esto requerirá que las congregaciones locales reciban cierta cantidad de entrenamiento y equipamiento para que ellos puedan tener la habilidad de acoplarse con su tarea local así como la global. Esto requerirá un proceso de discipulado el cual produzca cristianos de la Gran Comisión, no solamente fiel "gente de iglesia." Esto requerirá que la Iglesia se prepare mejor para que realmente maximice su potencial como una iglesia de la Gran Comisión a través de un entendimiento más extenso sobre las misiones. Más del 90 por ciento de las iglesias no tienen un plan de misiones escrito el cual puede ser implementado. La mayoría de las iglesias claman estar involucradas en misiones, pero en realidad tienen muchos componentes ausentes lo cuales hace que sus programas de misiones no sean efectivos.

Números de Misioneros en Incremento

El número de misioneros cros-culturales, de tiempo completo de los Estados Unidos ha ido en declive en lo que llevamos de este nuevo milenio. Parte de la razón de esa tendencia es el concepto dentro de las iglesias en los Estados Unidos de su habilidad de usar los viajes misioneros cortos como su herramienta primaria para alcanzar el mundo. En el mejor de los escenarios éste ha producido resultados mixtos. Aproximadamente dos billones de dólares son gastados en los viajes cortos para las misiones anualmente. Eso significa que nosotros, la iglesia de los Estados Unidos, estamos gastando lo mismo en viajes misioneros cortos como lo que estamos gastando en apoyar económicamente a los misioneros a largo plazo. Las investigaciones registra que aproximadamente de uno a cuatro millones de personas de la Iglesia Norteamericana hace viajes misioneros cortos cada año.

Aunque el uso de los viajes misioneros cortos es una parte importante de una estrategia de misiones mundiales, está muy lejos de ser la respuesta total para alcanzar el mundo para Cristo. No hay evidencia histórica del establecimiento de un movimiento importante cristiano en el mundo entre las naciones menos alcanzadas sin la presencia de misioneros de tiempo completo y la plantación de nuevas iglesias por líderes nacionales.

De acuerdo al reporte presentado en 2009 por el Research Department of the U. S. Center for World Mission (Departamento de Investigación de el EEUU Centro de Misión Mundial), 32,000 misioneros adicionales son necesarios para poder abordar a los segmentos menos alcanzados de la población dentro de los 7,163 grupos de personas no alcanzadas. Esto puede sonar como un número inalcanzable de misioneros a reclutar, entrenar y movilizar. Pero en realidad, esto es igual a levantar un misionero por cada 250 iglesias alrededor del mundo. Más de dos tercios de estos misioneros vendrán de naciones no occidentales.

Global Missions Trends (Tendencial de Misiones Mundiales) reportó en 2008 en su página web que 95 por ciento de todos los graduados de nuestros seminarios cristianos en los Estados Unidos así como universidades bíblicas se quedan en los Estados Unidos para ministrar al 5 por ciento de la población del mundo mientras el 5 por ciento de los graduados va al campo misionero a alcanzar al 95 por ciento de la población del mundo.

Redistribución de los Misioneros Actuales

De acuerdo a *Christianity Today* (El Cristianismo el día de Hoy), hay 306,000 misioneros extranjeros sirviendo donde el Evangelio ya es accesible y donde ya existe una población cristiana significativa. Solamente hay 10,200 misioneros extranjeros trabajando en el mundo no alcanzado. Por cada millón de musulmanes no alcanzados, hay menos de tres misioneros.

Aún dentro de los Estados Unidos, Global Evangelistic Resources (Recursos Evangelisticos Globales) reporta que el 97 por ciento de todas los esfuerzos de alcance/evangelismo cristianos no tienen como objetivo a los no cristianos sino mas bien a los otros cristianos.

Redistribución de las Finanzas en las Misiones

Las iglesias el día de hoy en los Estados Unidos gastan 98 por ciento de sus ingresos en ellas mismas mientras usan el 2 por ciento para alcanzar al mundo. Por cada 100 dólares estadounidenses que los cristianos dan a todas las causas, solo cinco centavos van al financiamiento de la plantación pionera de iglesias dentro de las naciones menos alcanzadas. Eso significa que el 0.0005 por ciento de nuestro dar cristiano va para alcanzar a los pueblos no alcanzados en el mundo.

Incrementar las Asociaciones

Siempre ha sido el plan de Dios de que las misiones fuesen un esfuerzo de equipo. No hay espacio para elitismo, territorialismo, o la edificación de reinos individuales en lo que tiene que ver con la cosecha mundial. Dios quiere que todo el cuerpo trabaje junto para alcanzar a cada nación sobre la faz de la tierra con las buenas noticias de Jesucristo. Cuando una iglesia se esfuerza en llevar a cabo su programa de misiones ellos solos, las limitaciones en lo que pudiesen alcanzar se incrementarán de manera significativa.

Con la iglesia de tamaño promedio en los Estados Unidos siendo cerca de los setenta y cinco miembros, la mayoría de las iglesias no tiene a las personas, los recursos, o la experiencia en misiones para hacer un impacto significativo en las misiones mundiales trabajando solos. Por eso es crítico que las iglesias trabajen con otras iglesias y agencias misioneras para maximizar el potencial de cada uno en la cosecha mundial.

La Tendencia del Universalismo

El universalismo es una creencia doctrinal la cual enfatiza la paternidad universal de Dios y la salvación final de todas las almas. El argumento principal para el universalismo es que un buen y amoroso Dios no condenaría a las personas al tormento eterno en el infierno. Algunos universalistas creen que después de cierto periodo de purificación, Dios liberará a los habitantes del infierno y los reconciliará con El mismo. Otros dicen que después de la muerte, las personas tendrán otra oportunidad para escoger a Dios. El universalismo también insinúa que hay muchas maneras de entrar al cielo.

Este punto de vista es contrario a la Biblia. Jesucristo enseñó que aquellos quienes le rechazan como Salvador pasarán la eternidad en el infierno después que mueran: Mateo 10:28, 23:33, 25:46; Juan 3:36.

James Fowler, presidente de Christ in You Ministries (Ministerios Cristo en Usted) señala, "El deseo de enfocarse en el optimismo rosa de la perfección universal del hombre, pecado es, en su mayor parte, algo irrelevante ... El pecado es minimizado y trivializado en toda la enseñanza universalista."

El universalismo fue enseñado por Orígenes (185-254 DC) pero fue declarada herejía por el Concilio de

Constantinopla en 543 DC. Se hizo popular de nuevo en el siglo diecinueve y está ganando tracción en muchos círculos cristianos el día de hoy. Ningún otro asunto teológico puede ser más importante para nuestro compromiso al mandamiento de Cristo de la Gran Comisión que el profundo entendimiento que tenemos de la idea de que las personas sin Cristo están eternamente perdidas y que no hay salvación en nadie más. Si las personas están realmente perdidas fuera de Cristo y el aceptar a Jesús como Señor de sus vidas es el único camino de la redención, ¿cuál otra podría ser la prioridad sino la expansión del Evangelio del Reino de Dios lo más lejos y rápido que podamos?

El universalismo, en sus varios tonos y formas, es una seria amenaza causando que los cristianos no se apasionen por alcanzar a las naciones para Cristo. Porque enseña que de todas maneras todas las personas eventualmente serán salvas. Es una creencia la cual no es bíblica e inició en el Jardín del Edén. En Génesis 3:4, el diablo engaño a Eva y le dijo, "Ciertamente no morirás." El diablo aún está tratando de engañar a la gente con la misma mentira.

A través de los años, el Barna Research Group (Grupo de Investigación Barna), una división del Grupo Barna, Ltd., en Ventura, California, ha publicado reportes que son bastante preocupantes en lo que concierne al entendimiento público de que las personas están eternamente perdidas hasta que aceptan a Jesucristo como su Señor y Salvador. Aún un gran número de cristianos se encuentran confundidos en este asunto. Un reporte declara, "Existe una tendencia en crecimiento de creer que las buenas personas, que consideren o no a Jesucristo como su Salvador, vivirán en el cielo después de que mueran en la tierra."

En 2001, Barna publicó que más de la mitad de todos los adultos en los Estados Unidos (51 por ciento) creen que si una persona es generalmente buena, o hace suficientes cosas buenas por otras durante su vida, él se ganará un lugar en el cielo. Dado a la falta de un fuerte fundamento bíblico en un gran sector de la población cristiana en los Estados Unidos el día de hoy, la amenaza del universalismo continuá en crecimiento. En 2008, el sitio de web de Global mission Trends colocó un artículo que declara que el 33 por ciento de estudiantes de las universidades evangélicas y seminarios creen que las personas pueden ser salvas sin específicamente convertirse a Cristo. Usted se tiene que preguntar, ¿qué tipo de teología bíblica están enseñando estas instituciones?

Se ha hecho evidente, en un reciente estudio, que la mayoría de los evangélicos están empezando a abrazar la cosmovisión del pluralismo. Aproximadamente dos tercios de los evangélicos (64 por ciento) piensa que hay múltiples caminos a la salvación. En la línea principal del Protestantismo, la estadística es tan alta como del 73 por ciento.

Cuando un minero joven fue rescatado, recientemente, de una mina de carbón que se desplomó en Pensilvania, él fue entrevistado por el periodista de televisión Stone Phillips. La emotiva entrevista fue transmitida en

Dateline NBC. Este joven dijo que él le preguntó a un veterano atrapado en la mina juntamente con el durante el suceso, "Iré al cielo... porque sé que la Biblia dice que tienes que ser bautizado para poder ir al cielo, y yo no he sido bautizado." Su compañero de trabajo y amigo, en un intento de confortar a este hombre preocupado, le respondió, "Toda la buena gente va al cielo," y luego le afirmó, "no importa cómo."

La respuesta que ese veterano compañero de trabajo le dio a ese joven minero es simplemente otro ejemplo de cómo la mayoría de la gente cree que usted irá al cielo si es una buena persona. Una de las razones de esto es que la mayoría de la gente obtiene sus creencias religiosas de lo que ellos ven en la televisión más de lo que ven en la Biblia. Lo que es más alarmante es el hecho de que este tipo de universalismo se ha infiltrado dentro de la Iglesia a una mayor escala de lo que probablemente cualquiera pudiese pensar. Algunos estudios muestran que un sorprendente número de miembros de iglesias cree que la gente puede ir al cielo sin aceptar a Cristo como su Señor y Salvador.

¿Pero qué es lo que dice la Biblia? La Escritura claramente describe lo que pasa a aquellos quienes no conocen a Cristo como Señor y Salvador. En 2 Tesalonicenses 1:7-9 (RVC), Pablo habla sobre la segunda venida de Cristo y de lo que sucederá con aquellos quienes no le conocen a El:

> Cuando el Señor Jesús se manifieste desde el cielo con sus poderosos ángeles, entre llamas de fuego, para darles su merecido a los que no conocieron

a Dios ni obedecen al evangelio de nuestro Señor Jesucristo. Éstos sufrirán el castigo de la destrucción eterna, y serán excluidos de la presencia del Señor y de la gloria de su poder.

¡Existe un infierno real al cual rehuir, y un cielo real a ganar!

Jesús declara en Juan 14:6 (RVC) , "Nadie viene al Padre, sino por mí." Jesús es la puerta de entrada a la vida eterna para toda la humanidad. Las personas separadas del conocimiento de salvación y en el creer en Cristo están sin esperanza y perdidas eternamente. ¡Esa es la razón por la cual las misiones son tan críticas!

En lo que tiene que ver con el tema de la perdición eterna, es importante recordar éstos dos puntos:

1. Las personas no están perdidas cuando mueren; ellas nacieron perdidas por causa del pecado de Adán.

En Juan 3:18,36 (RVC), la Escritura declara que la persona no creyente "ya ha sido condenado" y que la "ira de Dios recae sobre él." En Romanos 1:20 (NVI), Pablo declara,

> Porque desde la creación del mundo las cualidades invisibles de Dios, es decir, su eterno poder y su naturaleza divina, *se perciben claramente a través de lo que El creó*, de modo que nadie tiene excusa.

A este testimonio de la naturaleza algunas veces se le es llamado revelación general. Pablo está declarando que la revelación de Dios es tan fuerte en la tierra y que por lo tanto es el pecado y la dureza del corazón las que ciegan los ojos de los hombres a la verdad (2 Corintios 4:4).

2. Quien duda de la perdición de aquellos quienes no han escuchado el mensaje del Evangelio de Jesucristo necesitan acarrear ese argumento a su conclusión lógica.

Porque si los que no han escuchado no son contados como responsables, entonces no habría la necesidad de seguir predicando el Evangelio y no habría necesidad de misioneros. Pero la Escritura no avala eso. En Juan 14:6, Jesús no dijo, "Nadie va a el Padre sino por mí, a menos que usted nunca haya escuchado a cerca de mí."

Dick Hillis, fundador de Overseas Crusades (Cruzadas en Otras Naciones), fundamenta su punto en este caso:

Si esos que no han escuchado serán salvos de alguna manera, ¿no sería mucho mejor que ellos nunca escuchasen? ¿Será que Dios engañó a Sus seguidores cuando El envió a Pablo a través de toda Asia Menor y Europa? ¿O cuando El envió a William Carey a India, Hudson Taylor a China, y decenas de miles de misioneros alrededor del mundo? Si los no evangelizados no están perdidos, ¿no sería el programa de misiones de la Iglesia una equivocación absurda? ¿Se están desperdiciando millones de dólares en programas inútiles? Si los no alcanzados no están perdidos, ¿no serian las Escrituras un manojo de contradicciones, el Salvador vendría a ser un falso maestro, y el mensaje cristiano seria "mucho ruido para nada?"

¿Pero qué, si las personas nunca han escuchado el Evangelio? ¿Es justo que ellos vayan al infierno? La verdad es que Dios ha ido más allá de los límites de amor desmesurado para prevenir que cualquier humano sobre la tierra perezca. El Apóstol Pedro declara que Dios no quiere que nadie se pierda, pero El quiere que cada uno venga al arrepentimiento (2 Pedro 3:9b).

Debemos recordar que el carácter de Dios no se encuentra en juicio. Dios es justo y lleno de misericordia. El envió a Su Hijo Jesús hace más de dos mil años a pagar el precio por la salvación de cada hombre, mujer y niño. Cualquier fracaso en que las personas perdidas no tengan la oportunidad de escuchar el Evangelio y aceptar a Cristo, es un fracaso de la Iglesia. Hemos sido comisionados por Cristo mismo para llevar el Evangelio a todo el mundo.

La conclusión es que, sí, la gente en realidad está perdida. Sí, es nuestra responsabilidad el brindarles a ellos las buenas nuevas. La pregunta que permanece es: ¿responderá usted su llamado a las misiones ya sea como misionero o como uno que envía? ¡Los perdidos esperan y el reloj continúa caminando!

TRECE

Sistema Para La Vida Cristiana

El sistema de una vida cristiana debería verse y ser radicalmente diferente a la del mundo. Pero ese no es el caso en el siglo veintiuno. La comunidad cristiana como que planea y conduce sus vidas en base al molde básico del mundo.

Las personas en el marco de nuestra sociedad occidental conducen sus vidas alrededor de cuatro mayores componentes para la planificación de la vida. Estos son: educación, carrera o profesión, seguridad y recompensas. Este es un modelo, altamente aceptado, de éxito en el cual muchas personas laboran para alcanzar y le enseñan a sus hijos para que laboren con el mismo objetivo. Esta también es la plantilla básica que cada carrera o profesión, consejero o guía financiero usa. Pero debería de haber una fuerza dominante diferente a éstos cuatro componentes para la vida de cualquier individuo, quien sea un verdadero seguidor de Cristo. ¡Y esa fuerza dominante es nuestro llamamiento como creyentes del Reino!

Por favor no me malinterprete; no hay necesariamente nada malo o errado con éstos cuatro componentes que he mencionado; hasta que éstos no son puestos en el contexto del *Reino*. Ninguno se mantiene por su propio mérito y debería de ser considerado como un plan inadecuado para la vida del cristiano. Al seguir el patrón del mundo, hemos reemplazado:

- Empoderamiento espiritual con educación.
- Nuestra misión dada por Dios con una carrera o profesión.
- Fe en Cristo con una falsa sensación de seguridad mundana.
- Las promesas eternas de Dios con la recompensa terrenal temporal.

Y cuando suma todo eso, es lo mismo que negociar la Gran Comisión por el Sueño Americano. El Sueño Americano pudo haber empezado como un símbolo de esperanza para muchos, pero se ha transformado en la búsqueda del avance personal, de estima propia y de auto suficiencia a través del individualismo, materialismo y universalismo.

El Gran Mandamiento - La Gran Comisión

¿Cuál es el sistema espiritual apropiado en el cual deberíamos de edificar nuestra vida cristiana? Permítame usar la edificación física como una ilustración de la vida espiritual de un creyente. Cada edificio diseñado correctamente tiene una estructura principal o marco el cual le da a todo el edificio la habilidad de estar de pie. Mientras la estructura principal está en su lugar, ésta provee el soporte necesario para que podamos agregar otras partes funcionales. Agregamos ventanas, puertas, gradas, cuartos interiores, paredes, tubos, cables, pintura, etcétera.

Muchos cristianos han estado en la iglesia por años y han escuchado cientos de sermones y enseñanzas, por lo cual se pensaría que son cristianos lo suficientemente maduros al punto de vivir una vida estable, productiva para Cristo. Después de todo, ellos saben todo a cerca de las ventanas, puertas, cable, plomería, carpintería, etcétera, eso significa que ellos saben muchas cosas de y sobre la Biblia. Pero en realidad, sus vidas son como una casa de cartas la cual puede colapsar en cualquier momento si el viento apropiado (adversidad) llega a tocarles. Sus vidas no tienen estabilidad ni fuerza porque sus casas espirituales carecen de una estructura principal sobre la cual edificar sus vidas.

En Mateo 22:35-40, Jesús nos da la estructura apropiada para nuestras casas espirituales (vidas):

Y uno de ellos, intérprete de la ley, preguntó por tentarle, diciendo: Maestro, ¿cuál es el gran mandamiento en la ley? Jesús le dijo: Amarás al Señor tu Dios con todo tu corazón, y con toda tu alma, y con toda tu mente. Éste es el primero y grande mandamiento. Y el segundo es semejante: Amarás a tu prójimo como a ti mismo. De estos dos mandamientos depende toda la ley y los prefetas.

Para poner un poco de contexto acerca de lo que estaba sucediendo, éste intérprete de la ley es un maestro de la ley Judía enviado por los Fariseos para tratar de engañar a Jesús, para el dijera alguna cosa por la cual ellos le pudiesen arrestar. Por lo que la pregunta de este maestro era muy específica y exacta en su naturaleza: ¿Cuál es el gran mandamiento? Jesús le respondió la pregunta diciendo amarás al Señor tu Dios con todo tu corazón, y con toda tu alma, y con toda tu mente. Pero Jesús se rehusó a detenerse en eso. El también incluyó el segundo mandamiento en Su respuesta, el cual es: amarás a tu prójimo como a ti mismo. En otras palabras, Jesús rehúsa el separar éstos dos mandamientos. En el verso 40, Jesús declara que de éstos dos mandamientos depende toda la ley y los profetas. Los cristianos pueden cumplir la Palabra de Dios por medio de simplemente cumplir éstos dos mandamientos. En Santiago 2:8, a esto se le llama la "ley real." De ésto, adquirimos el entendimiento de cuál es el necesario marco espiritual para nuestras vidas.

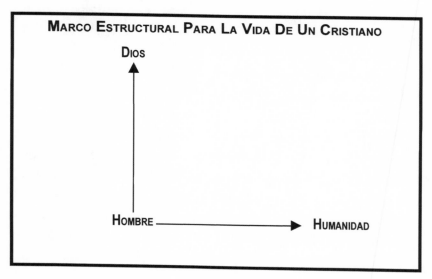

Marco Estructural Para La Vida De Un Cristiano

Dios

Hombre ———————————→ Humanidad

Nuestra vida completa, como cristianos, es edificada en torno a dos relaciones: una es nuestra relación con Dios, y la otra es nuestra relación con otras personas (o, podemos decir, la humanidad). Nuestra relación con Dios es una relación vertical. Nuestra relación con otros es una relación horizontal. Es vital nuestra relación con El, la cual nos da la habilidad de cumplir con la segunda relación.

La primera relación tiene que ver con el cultivar una relación íntima con nuestro Padre Dios. El quiere que pasemos tiempo con El. Y cuando lo hacemos, literalmente empezamos a tomar la naturaleza y atributos de Dios. Amar a Dios y pasar tiempo en Su presencia a través de la comunión con Su palabra, a través de tiempos de adoración y en oración, nos transforma a Su semejanza. Entre más tiempo pasamos con Dios, más actuaremos, hablaremos y pensaremos como El, lo cual determinará la forma en que respondamos a otras personas.

Acá hay una historia la cual ilustra lo que estoy diciendo. Un verano cuando tenía ocho años de edad, visité a mi tío Bill en su gigantesca granja de gallinas. EL tío Bill era alto, delgado y siempre vestía overoles azules. El caminaba con su pecho que erguido y sus dedos pulgares bajo los tirantes de sus overoles. El tío Bill tenía un hijo como de mi edad, el primo Kenny. Yo no había visto a Kenny desde que tenía como cuatro años de edad, por lo que recordaba muy poco de él. Cuando Kenny salió caminando de la casa para saludarme, él parecía como una versión en miniatura del tío Bill. El vestía overoles de color azul igual que su papá. El aún caminaba igual que su papá con su pecho erguido y sus dedos pulgares en los tirantes de sus overoles. Era increíble que Kenny aún hablará igual que el tío Bill con una cualidad rasgada en su voz.

Tan increíble que Kenny se viera, actuara y aún sonara igual que su papá, pero es algo en realidad tan natural. Kenny pasaba mucho tiempo con su papá trabajando en la granja. Su papá era la influencia más grande en su vida, y después de cierto tiempo, él simplemente tomó los atributos, características y el temperamento de su papá.

Estudios de investigación muestran que la persona promedio toma la personalidad, manierismos, y hábitos de las cinco personas más cercanas con las que se relaciona. Si eso es cierto, cuanto más ésto es cierto cuando pasamos tiempo con Dios. Es a través de una relación íntima con El que empezamos a tomar Su naturaleza, Sus atributos, Su amor y Su carácter. ¿Cuál es el carácter de Dios? 1 Juan 4:16, dice que Dios es amor. ¿Cuál es el corazón de Dios? Juan 3:16 declara que *Dios* al mundo que dio a Su Hijo. Cuando vivimos el primer mandamiento, tomamos la naturaleza de Dios y empezamos de forma natural a llevar a cabo el segundo mandamiento.

Henry Martyn, el valiente y abnegado misionero anglicano a la India y a otros lugares, a principios de los años 1800s, hizo esta declaración describiendo lo que nos pasa cuando nos acercamos al corazón de Dios: "El Espíritu de Cristo es el Espíritu de las Misiones, y entre más nos acercamos a El más intensamente nos transformamos en misioneros."

Esto me lleva a de regreso a algo que mencione anteriormente: ¿Cómo sabremos si estamos cumpliendo el primer mandamiento? La respuesta es el chequear si estamos cumpliendo el segundo.

El primer y segundo mandamiento que Jesús compartió con el escriba literalmente sirve como un marco de trabajo de Dios para nuestras vidas. De nuevo, ésta estructura está formada por dos relaciones: nuestra relación con Dios y nuestra relación con la humanidad. Recibimos nuestra identidad de la primera relación, y al mismo tiempo recibimos nuestro propósito para la segunda. La primera es el Gran Mandamiento, y la segunda es la Gran Comisión.

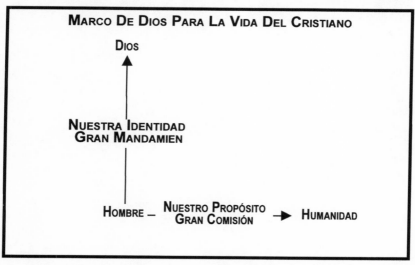

Dios quiere que todos sus hijos estén involucrados en el llevar a cabo la Gran Comisión, pero la realidad es que los cristianos nunca abrazarán el llamado a la Gran Comisión hasta que ellos estén viviendo el Gran Mandamiento. No importa cuántas prédicas escuchen y cuánta Escritura se les es enseñada concerniente a las misiones, eso les hará poco provecho. Su caminar íntimo con Dios les obligará a alcanzar este mundo perdido que fallece. La iglesia debe enseñar a la gente a edificar sus vidas en el Gran Mandamiento. Entonces ellos automáticamente abrazarán y llevarán a cabo la Gran Comisión.

CATORCE

DONDE ESTA SU CORAZON ...

Como ciudadanos del país más rico del mundo, ¿cuánto dan los cristianos estadounidenses? De acuerdo a muchos artículos, encuestas, y documentos en este tema, documentado por GenErousGiving.org, los creyentes están incrementalmente dando menos, y eso está causando un efecto significativo en el involucramiento de la Iglesia en llevar a cabo la misión del hacer discípulos en todas las naciones.

Cuando examinamos lo que la iglesia estadounidense da a las misiones internacionales, esto muestra un declive en el apoyo financiero lo cual ha sido una tendencia en las últimas décadas. Empty Tomb (Sepulcro Vacío), un grupo de investigación, no lucrativo, basado en Champaign, Illinois, reporta las denominaciones que se encuentran menguando en membrecía se encuentran en un nivel de apoyo de menos del 1 por ciento, mientras que los grupos en crecimiento muestran un mayor nivel de apoyo para las misiones internacionales del 2.8 por ciento. Pero en cualquier caso, el dar a las misiones internacionales aún se encuentra en un declive contínuo.

Gene Edward Veith de *World Magazine* (Revista Mundial) reporta resultados casi idénticos como los de Empty Tomb. Su investigación muestra que de cada dólar dado a una iglesia protestante en los Estados Unidos, el monto promedio que va a las misiones internacionales es de dos centavos. Veith continúa diciendo que las presentes prácticas de gastos de las iglesia muestran un incremento en énfasis en las operaciones internas y programas que están fuera de los márgenes de la misión de la Iglesia.

Un punto importante a entender es este hecho: el nivel del dar cristiano, históricamente no ha sido dictado por las condiciones de la economía. Un ejemplo de esta tendencia muestra que conforme la gente en los Estados Unidos vino a ser más rica, el porcentaje de su dar vino a ser menor. Algunas veces es más fácil que una persona pobre diezme a que una persona rica lo haga dado a que más ceros se agregaran al final del número en su cheque de diezmo, y será más difícil para ellos el escribirlo. Estas son algunas notables excepciones a esta tendencia, pero eso es lo que son - ¡excepciones!

Otro ejemplo de que las tendencias en el dar cristiano no es dictado por la condición de la economía es el hecho de que en 1920, la iglesia dio el 10 por ciento del total de sus ofrendas a las misiones, comparado con el 2 por ciento de hoy. El dar no es asunto económico; es un asunto espiritual. En la presente cultura de iglesia, el cristiano común ni siquiera diezma, dando menos de lo que per cápita daban los cristianos durante la Gran Depresión.

Cuando la crisis económica golpeó en el 2008, causó que en muchas de las iglesias los diezmos y ofrendas semanales decayeran significativamente. La reacción inmediata fue el cortar de forma severa o eliminar el dar a las misiones. En un gran número de iglesias, el dar a las misiones era una partida de egresos discrecionales (sea que lo admitan o no), haciéndola una partida de muy baja prioridad en el presupuesto cuando se compara con todas las demás en la iglesia. Entiendo que pudiesen ser circunstancias muy extenuantes las que pedían acciones drásticas, pero, al mismo tiempo, la iglesia debe de dejar de ver a las misiones como una actividad extra curricular. ¡Las misiones son el *propósito* de la Iglesia!

Mientras muchos líderes culpan el declive en el dar a misiones en que la economía está baja, le serviría bien a la iglesia el considerar que de repente es al revés: el que la economía esté baja es un resultado del declive del dar a las misiones. El dar a las misiones ha estado en declive en la Iglesia desde años antes de que arribará la crisis económica del 2008. ¡Esto es solo un pensamiento!

Esto nos lleva a una pregunta muy importante, la cual necesita ser respondida de forma desesperada: ¿El dar cristiano, o la falta de, afecta la condición espiritual de una nación? La respuesta es un enfático ¡si! Y baso esta respuesta en las palabras de Jesús en Mateo 6:21: "Porque donde esté vuestro tesoro, allí estará también vuestro corazón."

El principio que Jesús nos está enseñando es que *dondequiera* que una persona ponga su dinero, es donde su corazón en realidad está. Es como dice el viejo dicho, "Muéstrame tu chequera, y te mostraré que es lo que te apasiona." En otras palabras, gastamos o damos nuestro dinero (recursos) a lo que es más importante para nosotros. La mayor ilustración de esta verdad es Dios mismo. En Juan 3:16, la Biblia nos dice que Dios está tan apasionado acerca de alcanzar a todas las personas en el mundo que El *dio* a Su propio Hijo. ¡Dios dio Su mejor posesión por lo que era en realidad lo más importante para El!

Muchos cristianos claman el estar apasionados por Dios, pero en realidad no lo están. A ellos les gusta pensar que lo están para poder sentirse mejor acerca de sí mismos. Pero la verdad es que están más apasionados por otras cosas en la vida que de Dios o de los propósitos de Dios. Y de acuerdo a las palabras de Jesús, la forma en que usan su dinero lo demuestra. Pueden ser motocicletas, equipo de buceo, golf, viajar, vacaciones, carros, ropa, o un sin número de cosas. Pero dondequiera que la persona pone su dinero revela la historia real. No hay nada moralmente malo con las cosas que he mencionado siempre y cuando Dios y Sus propósitos sean más importantes y estén como primero en la lista de nuestra pasión.

Cuando un cristiano deja de darle a Dios, su corazón empieza a menguar con respecto a las cosas de Dios. En realidad, dar a la obra de Dios es simplemente más que un lindo gesto cristiano; esto es esencial a la salud integral espiritual del creyente.

Hace años, un pastor de una iglesia prominente me comento acerca de un descubrimiento interesante que él había hecho con respecto a la congregación de su iglesia. Me dijo que a través de los años él se había sorprendido (shokeado) muchas veces cuando ciertos miembros volvían a una vida de pecado y se apartaban de la iglesia. En la búsqueda de tratar de entender por que sucedía esto, el encontró un hecho interesante. El descubrió que en cada caso, la gente que volvía a una vida de pecado y se apartaba de la iglesia, habían dejado de diezmar y ofrendar a la iglesia aproximadamente seis meses antes. Porque su tesoro ya no estaba allí, tampoco lo estaba su corazón.

Russell Linenkohl, un tremendo hombre de Dios y padre espiritual para cientos de personas, una vez se acercó a un hombre de negocios y le propuso el venir a ser un apoyo financiero de un ministerio misionero. Este hombre le dijo a Russell que el no tenía interés ni deseo de apoyar a las misiones internacionales. Pero Russell fue persistente en su solicitud. El le dijo al hombre que si el empezaba a dar a las misiones, Dios le cambiaría su actitud y su corazón a cerca de apoyar a la cosecha mundial. Casi por puro respeto a Russell, este hombre de negocios aceptó el iniciar a dar a las misiones de forma nominal pero consistente. Esto resultó en que el hombre de negocios vino a estar más y más apasionado por las misiones mundiales porque donde pones tu tesoro, tu corazón también estará. Desde el momento en que Russell le hizo la propuesta hasta el día de hoy, este hombre ha dado más de un millón de dólares para ayudar a difundir las buenas nuevas de Jesucristo alrededor del mundo.

Cuando fallamos en enseñar adecuadamente a los cristianos a cerca del Reino de Dios y de su identidad como cristianos de la Gran Comisión, su enfoque será solo en ellos mismos, y sus acciones y recursos se enfocaran más en ellos mismos en lugar de enfocarse en las cosas de Dios. Y este asunto se complica cuando las iglesias sirven a este enfoque personal del individuo a simplemente colocar su trasero en la silla. Esto crea un movimiento en espiral hacia abajo en lo que respecta a la condición espiritual integral del individuo y la iglesia.

La Importancia del Liderazgo Cristiano

Si hablamos de los asuntos del dar, Señorío bíblico, cristianismo del Reino, enfoque en la Gran Comisión, vida guiada por el Espíritu, o cualquier otro tópico que es crucial cuando estamos lidiando con una cultura post cristiana, no debemos de perder la mirada al hecho de que el éxito o el fracaso en reclamar nuestra nación para Cristo girará fuertemente en el asunto del liderazgo cristiano. La forma en los cristianos actúan el día de hoy con respecto de las cosas de Dios es simplemente un reflejo de lo que ha sido modelado delante de ellos por sus líderes de la Iglesia. ¿Por qué debemos esperar que un cristiano promedio esté apasionado de la Gran Comisión cuando la iglesia promedio invierte el 98 por ciento de su tiempo, energía, y recursos en sí misma? Lo que es modelado delante de la congregación es el estándar y nivel de compromiso que ellos tienden a abrazar. J. L. Ewen desafía a los líderes cristianos a no olvidar a aquellos que aún se encuentran esperando en las tinieblas a escuchar las buenas nuevas de Jesucristo: "Mientras hayan millones destituidos de la Palabra de Dios y del Conocimiento de Jesucristo, será imposible para mí el poder dar mi tiempo y energía a aquellos que ya tienen ambos."

En 1928, el Dr. Oswald Smith fundo la People's Church (Iglesia de la Gente), en Toronto, Canadá. EL demostró al mundo el impacto que la iglesia local puede hacer en la cosecha mundial cuando su congregación fue enseñada a vivir con el enfoque de la Gran Comisión. Smith tenía la convicción de que si la Iglesia en verdad tenía el corazón de Dios, ésta invertiría por lo menos lo mismo que gasta en sí misma, en alcanzar al mundo para Cristo. Esta era la convicción con que la People's Church vivía al dar el 50 por ciento de sus ingresos anuales en misiones apoyando más de quinientos misioneros alrededor del mundo. Mientras impactaban el mundo a través de su involucramiento en misiones. La congregación de la People's Church continuó floreciendo y creciendo localmente, haciendo un mayor impacto en la ciudad de Toronto y en el país de Canadá completo. En muchas ocasiones, al Dr. Smith se le escuchó haciendo esta declaración: "¿Por qué alguien debe escuchar el Evangelio dos veces si hay algunos que no lo han escuchado una vez?"

Sosteniendo Un Nuevo Momentum

Para sostener cualquier movimiento nacional cristiano o crear uno nuevo entre otros grupos étnicos, se requiere cuatro componentes fundamentales. Estos son: evangelismo, entrenamiento a liderazgo, plantación de iglesias, y un permanente discipulado. Estos cuatro componentes se alimentan el uno al otro, creando y fortaleciendo el movimiento mismo. Para sostener un movimiento cristiano fuerte, será necesario también el mantener estos cuatro componentes en movimiento.

Pero en cuanto superamos éstos cuatro componentes fundamentales, la forma más efectiva y bíblica de mantener cualquier congregación o cualquier movimiento nacional cristiano, fuerte y saludable es un mayor enfoque en la Gran Comisión a través de una visión misionera fuerte. Algunos líderes cristianos en el presente han ido tan lejos en decir que ¡la Gran Comisión es la *cura* para la Iglesia!

Robert Wilder emitió una advertencia hace más de cien años, de que la Iglesia mantendría su propia salud por medio de cumplir en obediencia el mandamiento del Señor. El continuó afirmando:

> "La esperanza de la Iglesia son las misiones. No es simplemente el cómo salvaremos al mundo, pero cómo nos salvaremos nosotros. La Iglesia que olvida al mundo estará

abandonando rápidamente al Espíritu Santo; y la Iglesia que abraza al mundo en su amor y en su labor es la Iglesia que, abandonándose a sí misma por el bien de su Maestro, se ganará a sí misma, su Maestro, y el mundo."

J. Ross Stenson, el presidente de Princeton Theological Seminary (Seminario Teológico Princeton), también enfatiza la importancia de las misiones cuando tiene que ver con el mantener una iglesia saludable: "La iglesia que no es misionera peca en contra de su propio interés e invita a la derrota. El cristianismo de quedarse en casa no es un cristianismo real, para nada."

Las misiones no son simplemente una linda cosa en la cual involucrarse. Es esencial para la salud a largo plazo de la iglesia en cualquier país, porque cada vez que una iglesia o una cultura de iglesia en una nación empieza a perder su enfoque en la Gran Comisión, ese movimiento de iglesia eventualmente se torna hacia adentro y empieza a perder su momentum.

Cuando le predico a pastores y líderes de iglesias sobre los desafíos de lidiar con una cultura post cristiana, enfatizo esta declaración fuertemente: "La experiencia nos ha enseñado que la falta de un enfoque fuerte en la Gran Comisión en un movimiento de iglesia en cualquier país servirá eventualmente como el punto de entrada para el estado post-cristiano." Por eso es qué no es suficiente el solamente hacer que la gente se salve y el plantar iglesias. Debemos de edificar esas iglesias a que sean iglesias fuertes en la Gran Comisión llenas de cristianos de la Gran Comisión. Si fallamos en hacer eso, el movimiento podrá empezar a mostrar tendencias post-cristianas en una generación.

El Dr. Daniel Williams, un plantador de iglesias y misionero experto, me enseñó una frase hace muchos años la cual nunca olvido. El dijo: "La Gran Comisión es la que mantiene nuestra quilla en el agua." La primera vez que escuché al Dr. Williams hacer esa declaración, me sonó un poco extraño. Pero a través de los años he entendido lo que el quiso decir exactamente. Es la Gran Comisión la que nos mantiene bien fundamentados como cristianos. Mantiene el enfoque fuera de nosotros y en el mundo perdido por el cual murió Jesús. Cuando sacamos la Gran Comisión de la visión de la iglesia, automáticamente iniciamos el proceso de transformación de la iglesia a que sea un instrumento de enfoque personal y de instinto de conservación.

La Gran Comisión Fortalece la Iglesia

Al ayudar a los movimientos nacionales de iglesia en naciones cristianas emergentes desarrollando programas fuertes de envío de misioneros, he visto que se comprueba una y otra vez alrededor del mundo, en gran número de países, que un énfasis en la Gran Comisión bendecirá a la Iglesia financieramente, espiritualmente y en crecimiento numérico. Pero solamente un pequeño porcentaje de las iglesias estadounidenses han experimentado esa realidad. Aunque un gran porcentaje de iglesias dicen que están involucradas en misiones, muy pocas han abrazado las misiones en una escala la cual expondría lo que en realidad las misiones pueden hacer por la Iglesia.

A través de los años, diferentes estudios de investigación han mostrado que entre más personas dentro de la iglesia local tienen corazón para las misiones, tendrán así mismo más corazón para alcanzar a su propia comunidad. ¿Por qué? Porque un corazón de misiones es un corazón para alcanzar personas, ayudar personas, y ministrar a las personas. Cuando la gente se emociona acerca de alcanzar el mundo, esto afecta la forma en que actúan alrededor de las personas dentro de sus propios vecindarios.

Una cosa que los pastores generalmente dicen acerca de sus congregaciones es: "Ciertamente podríamos usar más recursos para poder hacer más para el Señor." Cuando los pastores hablan acerca de más recursos para sus iglesias, por lo general ellos están hablando de dos cosas: más gente y más dinero. ¿Cómo podría un fuerte programa en misiones afectar esas dos áreas en su iglesia? Veamos los resultados de un estudio de investigación que condujo las Asambleas de Dios (AD).

Una de las historias de éxito en las misiones modernas ha sido el esfuerzo de misiones internacionales de las Asambleas de Dios. A través de su programa de misiones, millones de personas han sido alcanzadas para Cristo alrededor del mundo y miles de iglesias nuevas siendo plantadas.

Desde la concepción del movimiento de las Asambleas de Dios, una de las principales áreas de enfoque han sido las misiones mundiales. Pero, como todo movimiento de iglesia, algunas de las congregaciones dentro de las AD abrazaron las misiones más que otras. Los líderes de la iglesia querían saber cuáles eran los efectos que habían traído para ambos grupos de iglesias. Su investigación dio como resultado dos asombrosos hechos:

1. Iglesias fuertemente misioneras experimentaron 67 a 120 por ciento más convertidos anualmente que aquellas iglesias no misioneras basados en ese año en particular.
2. La personas asistiendo a las iglesias fuertemente misioneras recibieron un 15 por ciento más en total per cápita de ingresos que los miembros de las iglesias no misioneras.

La conclusión de su estudio estaba claro. Las iglesias de las AD con un programa fuerte en misiones experimentaron un crecimiento significativo en personas y finanzas en contraste con las iglesias no misioneras. Dios ama el bendecir la obra de la iglesia local cuando ésta obra incluye el alcanzar a las naciones del mundo.

Un ejemplo vivo de esto es el Pastor Dan Betzer, el pastor principal de la First Assemblies of God Church (Primera Iglesia de las Asambleas de Dios) en Fort Myers, Florida. El día de hoy, el Pastor Betzer es muy reconocido como líder cristiano a nivel nacional, un muy conocido escritor, exitoso constructor de iglesias, y un ungido maestro de la palabra de Dios. Cuando el Pastor Betzer inició en el ministerio, él dice que no le fue bien en todo. Al presentar su testimonio personal hace unos años, dijo algo a cerca de sus primeros años siendo pastor de una iglesia pequeña la cual se encontraba con deuda financiera, sin recursos naturales para salir de ella. En medio de su desesperación, él compartió de cómo Dios le dio una revelación clave sobre la cual ha estado edificando el ministerio hasta el día de hoy.

El pastor Betzer dice que Dios le dijo, "Hijo, edifica la iglesia en misiones y nunca más te harán falta finanzas." Pero él dijo, "Señor, la iglesia está en deuda y no hay forma de pagar las facturas. ¿Cómo hago eso?" Dios le respondió, "Organiza una convención de misiones y levanta fondos para las misiones. Yo me encargaré del pago de la deuda." Eso es exactamente lo que el Pastor Betzer hizo, aunque no se veía lógico el levantar fondos para las misiones cuando ellos no tenían aun para levantar fondos y pagar las facturas de la iglesia. Pero la gente respondió, y sus situaciones financieras empezaron a cambiar casi de forma inmediata. La ofrendas vinieron a ser significativamente más grandes, más gente empezó a diezmar, y la deuda de la iglesia empezó a desaparecer.

Años más tarde, el pastor Betzer aceptó la posición de pastor principal en la Primera Iglesia de las Asambleas de Dios en Fort Myers, Florida. La iglesia había perdido un gran número de sus miembros, resultando en que la iglesia se metiera en una gran deuda financiera. El pastor Betzer sabía que estaba tomando un gran reto. ¿Entonces qué es lo que el Pastor Betzer hizo para hacer que la mala situación cambiara? El hizo exactamente lo que Dios le había dicho que hiciera antes; él empezó a edificar a la iglesia con una fuerte visión misionera.

El día de hoy la Primera Iglesia de las Asambleas de Dios es una iglesia próspera, en crecimiento, con nuevos edificios valorados de varios millones de dólares. Y libre de deudas. Cada oportunidad que tiene, el pastor Betzer anima a los pastores a involucrarse con vitalidad en las misiones.

Cuando el pastor John Osteen, fundador de Lakewood Church (Iglesia Lakewood) en Houston, Tejas, (el padre del pastor Joel Osteen) estaba vivo, la iglesia Lakewood daba millones de dólares a las misiones cada año. El creía de forma inflexible que cada iglesia fue llamada a tener un programa fuerte y vibrante de misiones. Durante una conferencia de liderazgo y misiones hace años, el pastor Osteen hizo esta declaración: "Dios tiene finanzas reservadas para la cosecha y los pastores necesitan saber eso; a menos que la iglesia se involucre en misiones, la congregación nunca verá ese dinero."

DIECISEIS

Tiempo De Actuar

La conclusión es que las iglesias se están encogiendo, el escepticismo está creciendo, y la apatía a cerca de las cosas espirituales está más alta que nunca. Lo que el cristianismo significa para los cristianos el día de hoy es muy diferente a lo que significaba para nuestros padres y nuestros abuelos. Millones de millones de cristianos simplemente ya no creen en muchos de los principios fundamentales de la fe cristiana. Sin duda, los Estados Unidos está llegando a ser una nación menos cristiana.

Pero estamos lejos de perder la esperanza. Aún existe un remanente fuerte de verdaderos cristianos creyentes. No hay duda que el momento espiritual en nuestro país está yendo en la dirección equivocada, y tomará una verdadera valentía y dedicación el hacer que la ola cambie - ¡pero podemos! No estamos ignorantes a la situación, y tampoco estamos apartados del entendimiento de lo que necesitamos hacer. La iglesia simplemente necesita despertar de su actual condición espiritual y regresar a las raíces bíblicas. ¡Jesús es aún el comandante de las fuerzas armadas, y El aún quiere que seamos la iglesia que se supone que tenemos que ser, adorando al Rey, sensibles al Espíritu Santo, cumpliendo Su comisión, y viendo hacia nuestra esperanza eterna!

Es tiempo que la iglesia actúe. Es tiempo de ir a trabajar y tomar a nuestra nación para Cristo. No hay formulas mágicas o programas inteligentes de mercadeo que traerán a nuestra nación a Dios. El cuerpo de Cristo necesita simplemente postrarse sobre su rostro a los pies de nuestro Rey y escuchar las palabras del nuestro Maestro.

Pero también es el tiempo de que el liderazgo valiente una al cuerpo de Cristo al rededor de la causa de Cristo y ayude a la iglesia a tomar el enfoque que tienen sí mismos y lo pongan en Dios. Conforme busquemos el rostro de nuestro Padre con corazones rendidos, el Espíritu Santo hablará y brindará sabiduría y guianza divina para esta hora.

Aprendamos de nuestro pasado y levantemos un *grito* hacia el Señor mientras abrazamos el reto de los días que vienen. Como punto de partida, consideremos los siguiente:

- Suene la alarma en la condición espiritual de nuestra nación
- Dejemos de servir a la actitud, de estar absorto en sí mismos, en que esta nuestra sociedad
- Operemos desde una perspectiva mundial

- Prediquemos la Palabra de Dios sin compromiso alguno
- Guiemos a las personas a una experiencia del nuevo nacimiento real al aceptar a Jesús como Señor
- Enseñemos a los cristianos su verdadera identidad como creyentes del Reino
- Transformemos gente de iglesia en verdaderos discípulos
- Aprendamos a ser guiados por el Espíritu de Dios
- Invirtamos en lo que es eterno
- Saquemos a la iglesia de la deuda
- Modelemos todo lo anterior como líderes en el cuerpo de Cristo
- Habiendo hecho todo eso, pongámonos de pie con firmeza

Y yo también te digo, que tú eres Pedro, y sobre esta roca edificaré mi iglesia; y las puertas del Hades no prevalecerán contra ella. Y a ti te daré las llaves del reino de los cielos; y todo lo que atares en la tierra será atado en los cielos; y todo lo que desatares en la tierra será desatado en los cielos.

— Mateo 16:18-19 (ESV)

BIBLIOGRAFIA

Dean, Kenda Creasy. *Almost Christian: What the Faith of Our Teenagers is Telling the American Church*. New York: Oxford University Press, 2010.

Grossman, Cathy Lynn. "As Protestants decline, those with no religion gain." *USA Today*, October 9, 2012. Accessed September 13, 2013. http://www.usatoday.com/story/news/nation/2012/10/08/nones-protestant-religion-pew/1618445/

National Study of Youth and Religion (NSYR) 2003-05 "Study on Adolescent Spirituality in the U.S." The National Study of Youth and Religion, http://www.youthandreligion.org, whose data were used by permission here, was generously funded by Lilly Endowment Inc., under the direction of Christian Smith, of the Department of Sociology at the University of Notre Dame and Lisa Pearce, of the Department of Sociology at the University of North Carolina at Chapel Hill.

Wikimedia. "10/40 Window: Revision history."
Accessed September 13, 2013. http://en.wikipedia.org/
wiki/10/40-window/
WhyChurch. "How many people go to church in the
UK?" Accessed September 13, 2013. www.whychurch.org.
uk.trends.php/

North American Mission Board. "Center of Missional Research."
Accessed September 13, 2013. www.namb.net/cmr/

Wood, Rick. "Are We Proclaiming a Defective Gospel."
Mission Frontiers, March-April, 2008 Issue. Accessed September
16, 2013. http://www.missionfrontiers.org/issue/article/
are-we-proclaiming-a-defective-gospel/

Platt, David. *Radical*. Colorado Springs, Colorado: Multnomah
Books, 2010.

Williams, Daniel. "Modern Version of Polytheism." personal
interview with the author.

Wilhelmsson, Lars. Quoting Ravi Zacharias. "Postmodernism:
Isn't Truth Relative and Absolute Truth Obsolete." Accessed
September 13, 2013. http://www.vitalchristianity.org/docs/
New%20Articles/Truth%20%26%20Relativism2.pdf .

Stockstill, Larry. Great Commission Fellowship Conference.
April 5, 2011.

Ahrend, Todd. *In This Generation*. Colorado: Book Villages, 2010.

Breen, Mike. "Discipleship+Leadership+Mission." *Missio Nexus Anthology*, May, 2013.

Newport, Frank. "Most Americans Say Religion Is Losing Influence in U.S." Accessed September 16, 2013. Jim Clifton, Chairman and CEO, Gallup. www.gallup.com. www.gallup.com/poll/162803/americans-say-religion-losing-influence.aspx/

Murashko, Alex. "Open Doors: Growth of Christianity in Iran 'Explosive'." Accessed September 16, 2013. Will Anderson, Publisher and CEO, The Christian Post. www. christianpost.com. http://www.christianpost.com/news/ open-doors-growth-of-christianity-in-iran-explosive-71946/

McLaughlin, Vaughn. The Potter's House International Ministries. Pastor's Mentoring Session. August 1, 2012.

Smith, Christian. "Moralistic Therapeutic Deism as US Teenagers." Accessed September 16, 2013. M. Craig Barnes, President and Professor of Pastoral Ministry, Princeton Theological Seminary. www.ptsem.edu.

https://www.ptsem.edu/uploadedFiles/School_of_Christian_ Vocation_and_Mission/Institute_for_Youth_Ministry/ Princeton_Lectures/Smith-Moralistic.pdf

Liardon, Roberts. "William and Catherine Booth – God's Generals / Christian History." Accessed September 16, 2013. http://www.godsgenerals.com/person_w_booth.htm/

Lewis, C.S. "C.S. Lewis on the Problem with Nice People." Accessed September 16, 2013. Jonathan Morrow, Founder, Think Christianly. www.thinkchristianly.org. http://www.thinkchristianly.org/?s=C.S.+Lewis+on+the+Problem+with+Nice+People.

Renner, Rick. "1 of 4: Marks of Nicolaitanism." Accessed September 16, 2013. http://www.facebook.com/RickRenner/posts/10151437914180964/

Stearns, Richard. *The Hole in Our Gospel*. Nashville: Thomas Nelson, 2009.

Bonhoeffer, Dietrich. *The Cost of Discipleship*. New York: Macmillan, 1959.

Smith, Steve. "Getting Kingdom Right to Get Church Right." *Mission Frontiers*, July-August 2012 Issue. Accessed September 16, 2013. http://www.missionfrontiers.org/issue/article/getting-kingdom-right/

Monroe, Miles. *Rediscovering the Kingdom*. Shippensburg: Destiny Image Publishers, 2004.

Shibley, David . *A Force in the Earth: The Move of the Holy Spirit in World Evangelization.* Lake Mary: Charisma House, 1997.

Pierson, A.T. "Meet Mr. Philadelphia or the life of A. T. Pierson." *The Reformed Reader.* Accessed September 16, 2013. http://www. reformedreader.org/rbb/pierson/mrphiladelphia.htm/

Thornton, Danny and Peggy. Quoting Bob Sjogren. "Why Missions?–Challenging Quotes." Accessed September 16, 2013. http://www.beyondourselves.org/whymissions.htm/

Livingstone, David. "David Livingstone Quotes." Accessed September 16, 2013. http://www.searchquotes.com/quotation/ If_a.../366993.

Brannan, Paul. Harvest Churches International Missions Workshop. March 27-28, 2006.

Lausanne Congress – 1974. Lausanne Covenant.Accessed September 16, 2013. www.lausanne.org/en/gathering/ global-congress.

Piper, John. "Brothers, We Are Not Professionals: A Plea to Pastors for Radical Ministry." Accessed September 16, 2013. John Piper, Founder and Teacher. www.desiringgod.org. http:// www.desiringgod.org/resource-library/books/brothers-we are-not-professionals/

Wimber, John. "God wants His church back." *The Awe of God,* September, 2011. www.theaweofgod.blogspot.com.

Joshua Project. "Great Commission Statistics." *Unreached Peoples of the World.* Accessed September 16, 2013. Joshua Project is a ministry of the U.S. Center for World Mission. www. joshuaproject.net.

Fowler, James. "Universalism: Forms and Fallacies." Accessed September 16, 2013. James A. Fowler, Founder. www.christinyou.net. http://www.christinyou.net/pages/ universalism.html/

Shibley, David. "Don't Let Them Perish." *Charisma Magazine.* Accessed September 17, 2013. http://www.charismamag.com/spirit/ evangelism-missions/28-dont-let-them-perish.

Martyn, Henry. "One-Way: Missionaries: The Spirit of Christ is the Spirit of Missions." Accessed September 17, 2013. Jimmy Larche, Founder and Pastor, www. jimmylarche.com. http://www.jimmylarche.com/2011/08/ one-way-missionaries-spirit-of-christ-missions/

Veith, Gene Edward. "Who Gives Two Cents For Missions?" Accessed September 17, 2013. Joel Belz, Founder. www. worldmag.com. http://www.worldmag.com/2005/10/ who_gives_two_cents_for_missions/

Smith, Oswald J. *The Challenge of Missions*. Waynesboro: Operation Mobilization Literature Ministry, 1999.

Ewen, J.L. "Millions Destitute of the Word of God." Accessed September 17, 2013. Within Reach Global is a non profit Christian organization. www.withinreachglobal.org. www.withinreachglobal.org/millions-destitute-of-the-word-of-god.

Betzer, Dan. Personal testimony on Compact Disc.

Osteen, John. Lakewood Church Missions Conference, 1981.

A Cerca Del Autor

El Dr. Jerry Williamson fue ordenado en 1982 y sirvió como pastor asociado por tres años, en una iglesia en el estado de Missouri antes de servir como misionero a través de la agencia misionera GO TO NATIONS (Id a las Naciones); sirvió en Ecuador de 1985 a 1986.

Desde 1990, Jerry ha servido como parte del Equipo de Liderazgo Ejecutivo de GO TO NATIONS. Por siete años, Jerry viajo alrededor del mundo supervisando a 150 misioneros de tiempo completo así como proyectos misioneros en 24 países diferentes.

En 1991, Jerry estableció el *Programa de Preparación y Orientación Misionera*, el cual es un programa de seis días para orientar a las personas que están interesados a ser misioneros. Estos programa para candidatos a misioneros ha entrenado a más de 1,100 personas para el servicio en misiones cros culturales y continúa atrayendo personas de todas partes del mundo.

En 1995, Jerry diseñó un programa de internado en el campo misionero de diez semanas para nuevos misioneros llamado *Timothy Field Internship* (Internado en el Campo Timoteo). Este programa provee una experiencia de campo la cual cubre las áreas más importantes las cuales ayudan a establecer un fundamento sólido para el servicio de misiones de tiempo completo. Al día de hoy, el Programa Timoteo se lleva a cabo en cuatro diferentes continentes.

En Junio del año 2000, Jerry fue nombrado Presidente de GO TO NATIONS. A través de su liderazgo, el ministerio se continúa expandiendo en su alcance global así como su servicio a la iglesia local. Jerry continúa viajando extensivamente alrededor del mundo ayudando a misioneros así como a líderes nacionales proveyendo predicación y enseñanza bíblica, entrenamiento a liderazgo, consejería y asesoría a misioneros y liderazgo internacional.

El es considerado *el amigo de los pastores* y contantemente interactúa con el liderazgo de la Iglesia a todo lo largo de los Estados Unidos. El trabaja muy cerca y ayuda a la iglesias locales a desarrollar sus programas de misiones y es un frecuente orador en sus convenciones misioneras. Jerry tiene un profundo amor por el cuerpo global de Cristo y es un apasionado de agregar valor a las vidas de otros.

A Cerca De GO TO NATIONS

Un tipo de agencia misionera diferente...

GO TO NATIONS es un ministerio de servicio, ayudando al cuerpo de Cristo a maximizar sus capacidades para impactar el mundo para Cristo. Desde 1981, GO TO NATIONS ha servido a iglesias, escuelas bíblicas, personas de negocios, candidatos a misioneros, y a los cristianos en general proveyendo experiencia en misiones así como oportunidades globales de ministerio.

La misión es de IR A LAS NACIONES con el Evangelio de Jesucristo hasta que cada tribu, cada lengua, y cada nación haya escuchado. El método es el de brindar esperanza al mundo doliente, entrenar líderes a cambiar sus naciones con el amor de Dios, y el proveer un estandarte de apoyo a los misioneros mientras ellos laboran para cumplir la Gran Comisión en todas las naciones.

Iglesias ...

GO TO NATIONS es un ministerio de servicio a las iglesias locales en el área de misiones mundiales. GO TO NATIONS provee servicios misioneros a más de 800 iglesias a rededor de los Estados Unidos ayudándoles a llevar a cabo sus programas de misiones. Una variedad de herramientas y programas de entrenamiento están disponibles para ayudar a los pastores y líderes de iglesias para pasar la visión sobre misiones a sus congregaciones, a desarrollar un plan escrito de misiones, a crear un comité de misiones con un director de misiones, a desarrollar un protocolo para potenciales candidatos a misioneros, y a conducir poderosas conferencias misioneras.

Misioneros Potenciales ...

GO TO NATIONS ha ayudado a más de 1200 personas a ser misioneros y está lista para ayudarle a usted. En casa, nuestro programa de seis días para candidatos a misioneros y nuestro programa en el extranjero de diez semanas proveen un saludable, y sólido inicio para todo aquel que esté considerando el servicio de misiones a tiempo completo. GO TO NATIONS también provee un programa de aprendizaje para candidatos a misioneros con una variedad de oportunidades de colocación en el campo misionero el cual concuerde con el llamado de Dios en su vida. Venga a ser parte del equipo de campo el cual está dedicado a la obra del Señor así como del uno al otro.

Viajes Misioneros Cortos ...

GO TO NATIONS provee una variedad de viajes misioneros cortos, los cuales pueden ser modificados de acuerdo a los talentos y dones del equipo de misiones de su iglesia. Equipos de construcción, evangelismo, médicos, entrenamiento bíblico, ministerio de niños o muchas otras áreas de ministerio. Dios puede usarle en las naciones.

GO TO NATIONS está agradecido con todos aquellos quienes se han asociado en oración o apoyo financiero para alcanzar más de 1.4 millones de almas con el Evangelio de Jesucristo. Al asociarnos, podemos hacer nuestra parte yendo a todo el mundo y hacer discípulos de cada tribu, cada lengua y cada nación.

P.O. Box 10305

Jacksonville, FL 32247

PH: 904.398.6559

FAX: 904.619.8098

info@gotonations.org

www.gotonations.org

Otras Herramientas Para Enriquesimiento Disponibles

Del Dr. Jerry Williamson

SENDA GLOBAL

Senda Global sirve como una guía para pastores y líderes cristianos, ayudándoles a edificar iglesias fuertes enfocadas en misiones. El doctor Williamson presenta una concisa pero comprensible forma de abrazar las misiones, la cual está diseñada para bendecir las congregaciones locales de manera espiritual, numérica, y financiera conforme estas vuelven su enfoque a la cosecha y evangelización mundial. *Senda Global* es un programa para el equipamiento y entrenamiento, el cual está siendo usado por muchas iglesias alrededor de todos los Estados Unidos así como en otros países alrededor del mundo.

Versiones de *Senda Global* se encuentran disponibles en Español, Inglés, Ruso, y Swahili.

El Pulso de Una Nación

SUENA LA ALARMA

El Pulso de una Nación ... ¿Está la iglesia en los Estados Unidos en problemas?

Muchos líderes cristianos en otros países están profundamente preocupados por la situación de la Iglesia de los Estados Unidos. No comprenden por qué nosotros no vemos lo que está sucediendo en nuestra cultura de iglesia más claramente y hacemos algo al respecto. ¿Ha abandonado, la Iglesia de los Estados Unidos muchos de los principios fundamentales que se nos fueron impartidos? Esta creciente preocupación global por la Iglesia de los Estados Unidos no inició recientemente. Hace más de tres décadas, el ahora fallecido David Watson, un líder cristiano de la Gran Bretaña, predijo que al final del siglo veinte el cristianismo en el occidente probablemente se encontraría muy autoindulgente para ser un factor global.

Suena la Alarma ... ¿Es la relatividad cultural realmente nuestro problema?

Es tiempo que el cuerpo de Cristo se levante y que no se entregue más, y deje de ser el producto o partícipe en la presente sociedad en declive moral. ¡Es tiempo de una GUERRA CULTURAL! Es tiempo que la Iglesia sea inquebrantable en su compromiso con la fe verdadera. Cualquier otra cosa dejará a la Iglesia en los Estados Unidos en un estado de una muerte lenta y costosa.

Confrontando a una Cultura Post-Cristiana ... ¿Qué requerirá?

"Desde el momento que conocí al Dr. Jerry Williamson, su pasión por la Iglesia ha sido contagiosa. En su nuevo libro, *El Pulso de una Nación*, el Dr. Williamson cubre lo que él ve como las razones por las cuales, la cultura en los Estados Unidos de América es Post-cristiana, ofreciendo sugerencias para ayudar a reconstruir nuestros fundamentos espirituales y traza un plan para movernos hacia adelante. Este es un libro que "se debe" leer por aquellos que están interesados en la revitalización de la Iglesia de Cristo."

Abner ADORNO, pastor general, Living World Church

DR. JERRY WILLIAMSON es el presidente de GO TO NATIONS, una agencia misionera a nivel mundial, y es muy conocido por su apasionado amor por la Iglesia de Dios y por la cosecha mundial. El ministra a pastores y líderes de iglesia alrededor del mundo agregando valor y efectividad a sus ministerios. EL DR. WILLIAMSON es muy apreciado por su estilo práctico de enseñanza y su habilidad de articular la verdad de forma clara y concisa.